# Camino a Emaús

For Donna with
love and
admiration
Cristina

Navidad 2002

# Camino a Emaús

*Compartiendo el ministerio de Jesús*

*Editado por*
Ada María Isasi-Díaz
Timoteo Matovina
Nina M. Torres-Vidal

*Para Donna —*
*your generosity*
*and hospitality are*
*blessings for all of us.*
*Un abrazo,*
*Ada María*

# FORTRESS PRESS
Minneapolis

**Camino a Emaús**
*Compartiendo el ministerio de Jesús*

Citas bíblicas tomadas de *La Biblia Latinoamericana,* Edición 47 (Madrid: San Pablo y Navarra: Editorial Verbo Divino, 1972).
Cita bíblica de Juan 1:1-4 en la p. 24 tomada de *Biblia de Jerusalén* (Bruselas: Desclée de Brouwer, 1967).
Citas bíblica de Génesis 38:26 en la p. 31 tomada de *Biblia Reina Valera* (Nueva York: Sociedades Bíblicas Unidas, 1960).

Ilustración de la portada: *The Supper at Emmaus* by G. E. Mullan © 1994.
Con permiso de G. E. Mullan.
Diseño de libro y portada: Ann Delgehausen

Library of Congress Cataloging-in-Publication Data
Camino a Emaús : compartiendo el ministerio de Jesús / editado por Ada María Isasi-Díaz, Timoteo Matovina, Nina M. Torres-Vidal.
   p. cm.
  ISBN 0-8006-3570-1
   1. Hispanic American theology. I. Isasi-Díaz, Ada María. II. Matovina, Timothy M., III. Torres-Vidal, Nina.

BT83.575. C36 2002
230'.089'68073—dc21

                                              2002029753

Producido en Estados Unidos de América.
06   05   04   03   02   1   2   3   4   5   6   7   8   9   10

*Para*

mamá y papá, que han estado casados por más de 66 años,
por lo que me han enseñado y dado,
por lo que continúan enseñándome y dándome.

—Ada María

*Para*

mi querida suegra Estafana y mi querido suegro Juan,
en la celebración de sus 50 años de matrimonio,
en acción de gracias por su compromiso con su familia
y con Cristo Jesús.

—Timoteo

*Para*

mamá y papá, mis raíces entrañables,
para Antonio, Enrique, Pepe, Panchi y Merce,
mis alas de esperanza . . .
con amor.

—Nina

# Contenido

# Presentando a nuestras autoras y nuestros autores

**Arturo Bañuelas** es sacerdote católico en El Paso, Tejas, y fundador del Instituto Tepeyac, un centro de entrenamiento para el ministerio y el liderazgo. Actualmente es párroco de la comunidad de San Pio X, una parroquia nacionalmente reconocida por la diversidad y variedad de sus ministerios.

**Elizabeth Conde-Frazier,** ministra ordenada en la Iglesia Bautista, trabaja en programas de preparación pastoral para laicos y laicas y en programas de educación teológica para ministros. Ha servido en comunidades hispanas en la ciudad de Nueva York y en New London, Connecticut. Elizabeth es profesora de educación religiosa en Claremont School of Theology, en California.

**Eduardo C. Fernández, SJ,** profesor de teología pastoral en Jesuit School of Theology, en Berkeley, California, es muy conocido por los retiros, talleres, las conferencias y clases que ofrece en muchos lugares de los Estados Unidos y otros países.

**Cristina García-Alfonso,** pastora bautista, ha trabajado en iglesias de su denominación en Cuba. Actualmente estudia teología en Candler School of Theology, Atlanta. Su área de especialidad es el Antiguo Testamento. Cristina se interesa mucho en liturgia y a menudo su ministerio incluye danzas litúrgicas.

**Cecilia González-Andrieu y Jean-Paul Andrieu** viven en Burbank, California, donde están activos en varios ministerios. Cecilia se especializa en la vinculación entre fe, cultura y las artes, trabajando como escritora y productora de proyectos para los medios de comunicación. Jean-Paul fue director y profesor del Programa Abierto Capacitación Teológica de la Universidad Bíblica Latinoamericana en Venezuela y actualmente ayuda con el ministerio de formación de pequeñas comunidades.

**Justo L. González** fue director del programa de becas Iniciativa Teológica Hispana, y del proyecto académico Programa Hispano de Verano. Ha sido líder en la formación teológica y pastoral por más de 30 años, y ha publicado extensamente sobre la historia de la iglesia, estudios bíblicos y teología hispana.

**Leticia Guardiola-Sáenz** ha trabajado con varios grupos eclesiásticos enseñando la Biblia. Durante cinco años fue editora asociada de la guía devocional "El Aposento Alto". Actualmente, enseña Nuevo Testamento en Andover Newton Theological School, en Massachusetts.

**Ada María Isasi-Díaz** trabaja con grupos eclesiales de mujeres latinas. Frecuentemente dicta conferencias sobre la justicia y sobre la teología mujerista—una teología de liberación basada en las creencias y prácticas religiosas de las latinas en los Estados Unidos. Es profesora de ética cristiana y teología en Drew University en Nueva Jersey.

**Sandra Mangual** es sicóloga y trabaja para el sistema de educación de la ciudad de Boston. Durante 10 años enseñó cursos de homilética, terapia familiar y educación religiosa, desde la perspectiva de género en el Seminario Evangélico de Puerto Rico. Sandra es pastora ordenada en la Iglesia Bautista con más de dos décadas de trabajo pastoral en comunidades de fe en Boston y en Puerto Rico.

**Timoteo Matovina** es profesor de teología y director del Cushwa Center for the Study of American Catholicism en Notre Dame University, South Bend, Indiana. Además de dictar numerosas conferencias acerca de las comunidades hispanas en los Estados Unidos, ha escrito varios libros sobre la historia, teología y pastoral de estas comunidades.

**Ana María Pineda,** RSM tiene amplia experiencia en la pastoral hispana en el contexto parroquial, diocesano, regional y nacional. Actualmente es profesora de teología y directora del Programa de Ministerios Pastorales en Santa Clara University en Santa Clara, California.

**Nina M. Torres-Vidal,** católica laica, es profesora de lengua y literatura en la Universidad del Sagrado Corazón en Puerto Rico. Es voluntaria en proyectos que apoyan la paz para la convivencia y los derechos humanos de las mujeres y la niñez. Nina también trabaja como traductora y editora.

# Agradecimientos

Nuestro más sincero agradecimiento a las personas que nos ayudaron y animaron en este proyecto.

▪ Gracias a todas las personas que viven sus ministerios en las comunidades hispanas, las cuales se esmeran siempre por dar testimonio de su fe religiosa y de su amor por el pueblo. Ustedes han sido nuestra inspiración para este libro.

▪ Nuestra gratitud a las autoras y los autores que por medio de este libro comparten su sabiduría y su pasión por Dios, su pueblo y el ministerio.

▪ Apreciamos el apoyo de nuestros colegas, teólogos y teólogas, especialmente a los del Departamento de Teología de Notre Dame University por ayudarnos a financiar esta publicación.

▪ El arte tan inspirador de G.E. Mullan adorna la cubierta de este libro y le agradecemos que lo comparta con nuestros lectores y nuestras lectoras.

▪ De manera especial les agradecemos a nuestra amiga Sylvia Sánchez y a los equipos editoriales de Fortress Press y the Liturgical Press el haber creído en este proyecto y el ayudarnos a hacerlo realidad.

# Introducción:
# El ministerio cristiano

*Ada María Isasi-Díaz, Timoteo Matovina
y Nina M. Torres-Vidal*

Este libro nació de nuestra experiencia de dar conferencias, talleres, cursos y pláticas en las comunidades hispanas de los Estados Unidos. En repetidas ocasiones, los participantes en estos eventos nos han pedido materiales teológicos y pastorales escritos a partir de la realidad de nuestro pueblo. Claro que ya hay libros sobre los temas que se presentan en este volumen, libros publicadas en España y Latinoamérica. Pero hay pocos recursos publicados en español especificamente para las hispanas y los hispanos que se encuentran en los Estados Unidos. Gracias a todas aquellas personas que nos animaron a emprender y a perseverar en este proyecto, podemos presentar estas reflexiones bíblicas sobre el ministerio.

En este libro cada ensayo enfoca un tema específico, por ejemplo, el bautismo—llamado al ministerio (capítulo 2), el poder de la palabra de Dios en nuestro testimonio y servicio (capítulo 4), la relación dinámica entre la cultura y el ministerio (capitulo 8), la comunicación como elemento central del ministerio (capítulo 9), la creación como modelo del ministerio (capítulo 10), el poder transformador de la resurrección en nuestras vidas y comunidades (capítulo 12). Reconociendo todos los ministerios que las mujeres

hispanas hacen en nuestras familias, comunidades e iglesias, varios ensayos se enfocan en mujeres de la Biblia cuyas
vidas tienen mucho que enseñarnos sobre el ministerio:
María Magdalena (capítulo 3), Tamar (capítulo 5), Marta y
María (capítulo 6), la mujer que lava los pies de Jesús (capítulo 7), y la mujer cananea cuya hija Jesús sana (capítulo
11). Las historias de estas mujeres proveen lecciones de
sabiduría, perseverancia y fe de las cuales tanto hombres
como mujeres podemos aprender.

Sin duda, cada autora o autor presenta su perspectiva
sobre el ministerio basándose en un texto bíblico. Sin
embargo, a la vez que se ven los diferentes lineamientos
teológicos a partir de sunuestras experiencias particulares,
de nuestras diferentes comunidades, y de nuestras diferentes tradiciones de fe cristiana, los que trabajamos en este
proyecto compartimos perspectivas que se conjugan en tal
forma, que el resultado es un mosaico armónico de reflexiones sobre el ministerio. En otras palabras, el conjunto de
los ensayos en este libro, todos escritos por personas con
entrenamiento teológico y experiencia ministerial, forman
una teología del ministerio a partir de la experiencia de y
para nuestras comunidades hispanas.

¿Cuáles son los principios sobre el ministerio que surgen
de estas reflexiones? En primer lugar y sobre todo, creemos
que todo ministerio auténtico es un compartir en el ministerio de Cristo Jesús en el cual participamos gracias a la
continua presencia del Espíritu Santo en medio nuestro y de
nuestras comunidades. En este sentido, el llamado a
cualquier ministerio es una respuesta a la exhortación de
nuestra madre María en el Evangelio de San Juan: "Hagan
todo lo que él les mande" (Juan 2:5). Sea el ministerio de
lector o de catequista, de profeta o de rezadora, de líder de
la oración del pueblo en un barrio o en una catedral, de ani-
mador de jóvenes o gente mayor, de directora espiritual en
una casa de retiro o en una casa privada, de organizador de
evangelización en la diócesis o en la iglesia doméstica en
nuestros hogares, de coordinadora del ministerio de justicia
y paz en la comunidad, toda forma de ministerio auténtico

se realiza gracias a la presencia del Espíritu Santo y es un compartir en el ministerio de Cristo. El segundo principio tiene que ver con la manera cómo entendemos el ministerio de Cristo. En una palabra, el ministerio de Cristo es la evangelización. ¿Y qué es la evangelización? Es anunciar que somos la familia de Dios, es anunciar el reino de Dios, anuncio que se hace principalmente por la forma en que vivimos nuestras vidas. La evangelización nos llama a reconocer que somos hermanas y hermanos porque somos hijas e hijos de un mismo Dios, el Dios de justicia y paz, de amor y misericordia, el Dios de Jesús, nuestro hermano mayor. En su ministerio mientras vivió en la tierra, Jesús anunció esta buena nueva de filiación divina y proclamó por medio de las palabras, las obras que realizó, y la forma en que vivió, que el reino de Dios, el ser en forma concreta y efectiva familia de Dios, es el mensaje central de su evangelio. Los evangelios no presentan el reino de Dios como un lugar específico, sino como una manera de ser, tanto en personas como en sociedad, en la que reine la justicia y la compasión haciendo realidad el *shalom*—una vida de profunda paz y armonía.

La evangelización hoy en día toma muchas formas diferentes: la lucha por la justicia en nuestras comunidades, en esta sociedad en que vivimos, en nuestros países de origen y en todas partes donde no se respeta la dignidad del pueblo de Dios; los programas de alimentación comunitaria que proveen comida para las personas mayores o para las personas que no tienen sino las aceras de nuestras ciudades para dormir; los grupos de apoyo a los que sufren discriminación por ser homosexuales. La evangelización también se da en los grupos de oración que se reúnen en las iglesias o en nuestros hogares; en las clases sobre la Biblia y enseñanzas cristianas que nos animan a entender mejor la palabra de Dios y a vivir más profundamente la fe cristiana; en la liturgia que no es sino la celebración del pueblo de Dios. Todas estas actividades ministeriales son formas de evangelizar que responden a las necesidades de nuestras comunidades.

El tercer principio tiene que ver con la convicción de que cada cristiana y cristiano debe abrazar el ministerio que comenzó Jesús y al que nos anima el Espíritu Santo. El ministerio no es sólo la vocación del pastor, del ministro ordenado, del sacerdote, sino que es responsabilidad de todas y todos los que aceptamos el bautismo. Como dice la carta a los Efesios: Cristo "que dispone de todas las cosas como quiere, nos eligió para ser su pueblo, para alabanza de su gloria. Ustedes también, al escuchar la Palabra de la Verdad, la Buena Nueva de que son salvados, creyeron en él, quedando sellados con el Espíritu Santo prometido, el cual es la garantía de nuestra herencia" (Efesios 1:12-14).

Pero este ministerio al que nos llama el bautismo que compartimos, no es un ministerio individual sino uno que realizamos como comunidad, como pueblo de Dios, como iglesia que da testimonio del mensaje liberador del evangelio de Jesús. Para las hispanas y los hispanos, la "iglesia" es muy amplia y consiste de mucho más que los rituales y las actividades realizadas en los templos. " Iglesia" es la comunidad cristiana, la comunidad que nos rodea y de la cual somos parte en la vida cotidiana, en nuestras familias, con nuestras madrinas y nuestros padrinos, en nuestros barrios con nuestras comadres y nuestros vecinos. El sentido de ministerio como miembros de nuestras comunidades de fe, se basa en el hecho de que la religión cristiana es parte intrínseca de nuestras culturas, profundamente integrada en nuestro lenguaje, en nuestras fiestas, en nuestro ambiente casero, en lo que esperamos las unas de los otros, en como conceptualizamos quienes somos y cuales son nuestras obligaciones. Así que, para nosotras y nosotros, el ministerio es a la vez un honor y una obligación. El ministerio entre los hispanos y las hispanas es mucho más que tener un puesto en una congregación o una diócesis; el ministerio es sobre todo la manera principal de vivir nuestra fe, de desarrollar, apoyar y sostener a la familia de Dios que se hace realidad en todas y cada una de nuestras comunidades. En otras palabras, el ministerio pertenece a todos los bautizados y es, por lo tanto, parte de la vida diaria de cada una de nosotras, de cada uno de nosotros, en donde quiera que estemos, que participemos, que contribuyamos con sencillez y alegría.

Lo dicho anteriormente nos lleva al cuarto principio: a reconocer, como tan bellamente interpreta el grabado en la cubierta de este libro, como nos enseña la experiencia de Emaús (Lucas 24:13-35), que el ministerio cristiano es un peregrinar comunitario. Cleofás y su compañera, el par de discípulos que caminaba hacia Emaús, iban muy tristes pensando en la muerte de Jesús. Ya habían oído el testimonio de las mujeres que anunciaron la resurrección de Jesús, pero parece que Cleofás y su compañera no le habían prestado atención a ese testimonio. ¡Jesús hasta les regaña! "¡Qué poco entienden ustedes y cuánto les cuesta creer todo lo que anunciaron los profetas!" (v. 25) A pesar de que la tristeza no les permite ver, es por el hecho de ir juntos, como una pequeña comunidad, que encuentran la fe y la esperanza que los mueve más allá de la desilusión causada por la muerte de Jesús. Es precisamente en este momento de desilusión y búsqueda que Jesús se les une, les acompaña, camina con ellos y poco a poco les va explicando. "¿No sentíamos arder nuestro corazón cuando nos hablaba en el camino y nos explicaba las Escrituras?" (v. 32), dirán recordando lo que Jesús compartió con ellos. Y el Jesús que caminó con esta discípula y este discípulo acompañándoles en su tristeza y desilusión, es reconocido en la acción común, cotidiana de partir el pan. ¡Porque habían peregrinado con Jesús es que logran ahora verlo por quién es, en la fracción del pan! ¡Porque peregrinaron con Jesús es que ahora saben que lo que deben hacer es regresar inmediatamente a Jerusalén para enseñarles a las discípulas y a los discípulos que en el caminar de todos los días es que se reconoce a Jesús!

Cleofás y su compañera nos enseñan que nuestro caminar diario es nuestra peregrinación cristiana, que son una misma cosa, y que el ministerio al que todas y todos estamos llamados es la manera en que participamos en esta peregrinación. Nuestro peregrinar, nuestro ministerio cristiano, es un descubrir, un encuentro con Jesús en la palabra, en el compartir del pan, en el acompañar a nuestras hermanas y nuestros hermanos en la tristeza, la desilusión, la lucha por entender, la alegría, la felicidad. Y al igual que Cleofás y su compañera, nuestro ministerio es anunciar como comunidad la presencia salvífica de Jesús que nos constituye en familia de Dios a través de nuestras palabras, nuestras obras y nuestras vidas.

Con el deseo de animarnos a imitar a la discípula y a su compañero que en la tarde del Domingo de Resurrección peregrinaron a Emaús, es que hemos preparado este libro. Nuestra intención es alentarnos a entender y abrazar el hecho de que *seguir* a Cristo es posible sólo si *servimos* a Cristo. Este libro, entonces, es principalmente para vivimos, o luchamos por vivir plenamente nuestras vidas cristianas, comprendiendo que para hacerlo tenemos que ser ministras y ministros y darle de comer al hambriento, de beber al sediento, albergar a los que no tienen casa, visitar a los enfermos y a los presos. Esperamos que encuentren en estas páginas alimento para profundizar, extender y hacer más firme y eficaz su ministerio de evangelización, su lucha por ser familia de Dios. ¡Que Dios nos acompañe en este peregrinaje!

# 2

# El bautismo: Nuestro llamado al ministerio

*Arturo Bañuelas*

*"Ustedes, al contrario, son una raza elegida, un reino de
sacerdotes, una nación consagrada, un pueblo que Dios
eligió para que fuera suyo y proclamara sus maravillas.
Ustedes estaban en las tinieblas y los llamó Dios a su luz
admirable"* ( I Pedro 2: 9).

Ladeando la cabeza y hablando desde sus 73 años de vitali-
dad y experiencia, Doña Felipa preguntó al pastor recién
llegado: "Padre, usted no va a cambiar todos los ministerios
que han surgido en la parroquia en los últimos años, ¿verdad? Le pregunto porque aquí parecería que cada vez que
llega un cura nuevo, empiezan los cambios. Pero en esta
pa-rroquia todos queremos que continúen estos ministerios".

Doña Felipa representa una nueva e importante voz en
la vida parroquial. Habla en nombre de la inusitada cantidad
de dedicados ministros que, hoy día, y en colaboración con
el sacerdote de la parroquia, están ocupando el lugar que les
corresponde en la iglesia. A pesar de que en muchos lugares
este reto no ha sido aceptado aún, las parroquias en las que
el laicado sí ha aceptado responder y cumplir con su llamado, están experimentando un dinámico crecimiento.

Este dinamismo fue evidente recientemente en la Parroquia San Pedro, una comunidad modelo que, habiendo asumido las directrices del Concilio Vaticano II, tiene organizados hoy más de 48 ministerios que comprenden desde el ministerio con la juventud hasta el cuidado de ancianos. Sin embargo, esa comunidad tuvo que enfrentar un reto aún mayor. Un día se le informó que muy pronto y hasta nuevo aviso, se quedaría sin párroco residente. El reto entonces, fue preparar a los miembros de la parroquia para un nuevo concepto de iglesia, uno que incorpora los nuevos modelos de ministerio. La escasez de sacerdotes le imprimía un sentido de urgencia al asunto, pero lo ocurrido en San Pedro es característico de los retos que debe enfrentar la iglesia si quiere seguir creciendo. Lo que enfrentaba esta parroquia era un asunto que trascendía la falta de sacerdotes ordenados en la Iglesia Católica Romana; era más bien uno que tocaba el concepto mismo de iglesia y sacerdocio. Sin embargo, el ímpctu para lidiar con esos retos les llegó a través de los dictados de las Escrituras y el apoyo de los documentos de Vaticano II. El resultado fue que los católicos y las católicas tomaron en serio su llamado bautismal de compartir la vida y la misión de Cristo. Tomaron en serio las palabras de 1 Pedro 2:9: "Ustedes . . . son una raza elegida, un reino de sacerdotes, una nación consagrada, un pueblo que Dios eligió para que fuera suyo y proclamara sus maravillas. Ustedes estaban en las tinieblas y los llamó Dios a su luz admirable".

Aquel día, los miembros del Consejo Parroquial de San Pedro habían llegado a la reunión pensando que discutirían los asuntos parroquiales rutinarios. Ni idea tenían de que la agenda tendría que ver con su identidad y sobrevivencia como parroquia. El párroco, el Padre Diego, leyó una carta del Obispo en la que se anunciaba que, por el momento, la parroquia se quedaría sin párroco residente pero que un sacerdote itinerante les daría la mano los fines de semana y cualquier otro ratito que le fuera posible. Y más aún, el Obispo le pedía al Consejo que desarrollara un plan pastoral para enfrentar la situación futura hasta que llegara el momento de tener nuevamente un párroco a tiempo completo. Los miembros del Consejo quedaron atónitos. Lo que ocurrió entonces fue totalmente inspirado por el Espíritu Santo. Felipe, el amable y respetado presidente del Consejo, rompió el silencio sepulcral diciendo, "No es momento de tener miedo". Entonces, tomando su Biblia leyó, "Ustedes son un reino de sacerdotes . . ." y añadió, "este es un momento nuevo en la historia de nuestra parroquia. Si nos aferramos a la nostalgia de los antiguos modelos de vida parroquial, podríamos estar impidiendo su crecimiento. Nosotros tenemos una parroquia vibrante, dinámica, con muchos ministerios. Dios nos ayudará a seguir adelante".

Como la mayoría parecía estar todavía aturdida con la noticia, Soledad, la directora del Programa de Evangelización, trató de tranquilizar al Consejo. "Felipe tiene razón", les dijo. "Llegó el momento de asumir mayor responsabilidad por nuestra iglesia. Los viejos modelos de vida parroquial han pasado; el Espíritu Santo nos está llamando a desarrollar un nuevo modelo de parroquia. Miren alrededor de esta mesa, tenemos más de 48 ministerios para atender las necesidades de la parroquia y para evangelizar a nuestra sociedad. Si necesitamos ministerios nuevos, pues ahora es el momento de crearlos. En vez de enfocarnos en que perdemos a nuestro sacerdote, o en que nos quedamos sin la seguridad de nuestros viejos modelos de iglesia, o en sentirnos deprimidos, lo que tenemos que hacer es aceptar esta nueva realidad y seguir adelante. Nuestra parroquia ha tenido una historia brillante durante 57 años y ahora vamos camino a una nueva historia. Vamos a escuchar al Espíritu Santo trabajando en nuestra parroquia en esta nueva situación." Todo el mundo estuvo de acuerdo. Santiago, del Ministerio de la Alacena, dijo con honestidad: "Debo confesarles que al principio tuve sentimientos encontrados y hasta empecé a pensar en mudarme con mi familia a otra parroquia que tuviera párroco. Por eso me pregunto, ¿cuántos miembros de la parroquia no se sentirán igual?"

Rosa María, considerada por todo el mundo como la teóloga local, respondió a la preocupación de Santiago sugiriendo primeramente que se convocara a una Asamblea de toda la feligresía. Recomendó también que el tema fuera "El sacerdocio de Jesucristo: Ministerio compartido por todos". Entonces continuó hablando con su habitual elocuencia sobre los cambios que habían ocurrido en su vida a raíz de haberse hecho ministro de la iglesia. "Fue en un retiro sobre ministerios donde cambió mi vida", afirmó Rosa María. Y empezó a enumerar algunos puntos teológicos claves de su nueva identidad como ministra. "Yo me veía a mí misma como una voluntaria, como la ayudante del Padre. Para mí, el sacerdote era el único ministro en la parroquia, como si él hubiese sido el único llamado por Dios a hacer el trabajo de la iglesia. No en balde los laicos son, por lo general, tan pasivos y se ven a sí mismos como voluntarios que en su tiempo libre se ofrecen a ayudar al sacerdote. Todos estamos bautizados para compartir el ministerio de Jesús que es Sacerdote, Profeta y Rey. Comprendí que soy una ministra, también llamada por Dios y que el considerarme sólo como voluntaria no cumple en forma cabal con mi vocación bautismal".

Los miembros del Consejo se sintieron inspirados por su testimonio. Felipe, entusiasmado, quiso reafirmar lo que Rosa María había puntualizado sobre el ministerio y señaló: "Lo que trae Rosa María es importantísimo. La gente cambiará y la parroquia se fortalecerá aún más cuando aceptemos que, por el bautismo, todos compartimos el mismo ministerio de Jesucristo, cada cual según sus dones particulares. Todos somos colaboradores en este sacerdocio. El momento ha llegado de transformar nuestra identidad; de dejar de vernos como 'ayudantes del Padre' para empezar a ser partícipes en la misión y el sacerdocio de Jesucristo".

Fue como si en el salón se hubiese encendido una luz brillante. La visión del Vaticano II sobre el ministerio finalmente empezaba a echar raíces. Rosa María continuó, "siempre necesitaremos un sacerdote ordenado pero también tenemos que pedirle a la gente que haga su parte en la misión y el trabajo de Jesucristo. Ciertamente necesitamos rezar más por las vocaciones sacerdotales pero también por las demás vocaciones en la parroquia". Sin duda esta manera de entender el asunto fue inspirada por el Espíritu. El momento de comprender el misterio de un modo diferente había llegado y produciría frutos abundantes. Rosa María concluyó diciendo: "Imagínense, mientras más ministros tengamos, más presente entre nosotros estará Jesucristo, el Sumo Sacerdote".

Juan, el miembro más joven del Consejo, y coordinador del Ministerio de Hospitalidad, añadió que, sin duda, muchos miembros de la parroquia todavía se ven a sí mismos como ciudadanos de segunda clase en las escalas jerárquicas de la iglesia. Dijo: "Esta manera de diferenciar a los miembros de la iglesia, no respeta la larga tradición del servicio de los laicos en el quehacer del Reino. Nos olvidamos de que nuestro bautismo nos consagra para una vida de ministerio y santidad. La vieja fórmula de la vida parroquial de 'ofrendar, rezar y obedecer' que sirvió para fomentar la pasividad en el laicado debe abrir paso a un modelo de ministerio más dinámico y pluralista; una colaboración que apunte hacia el sagrado oficio del sacerdocio ordenado pero también hacia la consagración de cada persona bautizada. Una vez la gente acepte esta verdad, podrá surgir un modelo de parroquia más dinámico que traerá nueva vida a nuestra comunidad. Estamos muy acostumbrados a aceptar que el orden sacerdotal es un ministerio sagrado, pero ahora también tenemos que abrazar nuestra sagrada consagración bautismal y responder a la altura de ese llamado".

Susan, del Comité de Decoración, se ofreció a confeccionar un banderín para la Asamblea General. Quería usar las palabras, "Ustedes son un pueblo sacerdotal" y sugirió que la Asamblea llevara por lema, "Encuentro del pueblo sacerdotal de Dios". El Consejo enseguida aceptó su sugerencia. Fue entonces que Don Joaquín, el talentoso y sabio viejito del Comité de Fiestas, sugirió que el Consejo elaborara una lista de las necesidades de la parroquia y de la comunidad para que la gente pudiera apuntarse para servir en los diferentes ministerios. Todos asintieron a la recomendación de Don Joaquín. Ya para entonces todo el mundo estaba animadísimo con la idea de la Asamblea que estaban planificando.

Ana, del Comité de Justicia y Paz, sugirió que se hiciera otro banderín para la Asamblea enumerando algunos de los dones del Espíritu: el don de enseñar, el don de sanar, el don del servicio, el don de la profecía (Efesios 4:11; I Corintios 12:8-10; Romanos 12:7-8). Ella había estado involucrada en la renovación carismática y estaba familiarizada con las referencias bíblicas sobre el trabajo del Espíritu en la iglesia. "La Biblia, que no incluye la lista completa de todos los ministerios de la iglesia, sí señala al Espíritu Santo como el arquitecto de todos los ministerios a través de la historia. Confío en que el Espíritu Santo continuará dándole a la iglesia los ministros que necesita para cumplir con su misión".

Con gran entusiasmo, Ana continuó: "Somos una comunidad con muchos dones. Nos hemos habituado a que el sacerdote lo haga todo, pero ahora necesitamos identificar los talentos de todos en la parroquia para ponerlos al servicio de la comunidad. Gracias al Espíritu Santo la parroquia tiene una abundancia de dones además de los del sacerdote. No tenemos todos los mismos talentos, pero todos somos importantes". Era obvio que necesitarían varios banderines atractivos que identificaran los numerosos ministerios, entre otros: ayuda escolar, evangelización, vida de familia, liturgia, juventud, justicia y paz, ministerio con pacientes de SIDA, ministerio con los confinados, preparación para el matrimonio y formación religiosa.

Rosa María, hablando desde su propia experiencia, trajo a colación un asunto que ella sabía que los ministros que surgieran en la iglesia tendrían que enfrentar. "Necesitamos mandar a más gente a prepararse formalmente en estudios teológicos y pastorales." Antonio, del Comité de Finanzas, estuvo de acuerdo y presentó una moción para que la parroquia aceptara esta sugerencia e incluyera la educación para los ministros como elemento prioritario en el presupuesto parroquial. Poco a poco, según cada persona expresó lo que sentía, empezó a tomar forma el plan pastoral que había pedido el Obispo. Una vez más Rosa María, deseosa siempre de compartir sus reflexiones teológicas, pidió la palabra: "Yo sé que ya estamos terminando pero quiero decirles lo que yo considero es el aspecto más importante de lo que queremos hacer ahora en nuestra parroquia". Todos le prestaron atención. "Lo que el Espíritu Santo nos llama a hacer", dijo, "es a estar conscientes de que el trabajo que hacemos es parte de la labor salvífica de Jesucristo, Sumo Sacerdote, quien aún ministra entre nosotros. Cuando los miembros de la parroquia se den cuenta de esta gran verdad, su trabajo adquirirá un mayor sentido, una mayor dignidad. Esta verdad también les ayudará a reclamar su papel en la iglesia, especialmente a aquellas personas que se ven a sí mismas meramente como voluntarias. Estoy convencida de que nada más esta idea bastará para encender, aquí en San Pedro, una nueva renovación al estilo del primer Pentecostés, tal como ocurrió en mi vida".

Carlos, del Comité de Liturgia propuso: "En medio del salón de la parroquia donde celebraremos la Asamblea, deberíamos tener una representación de la pila bautismal que nos recuerde nuestro llamado bautismal. Eso nos ayudará a enfocar nuestro trabajo ministerial como colaboradores en el sacerdocio de Jesucristo; y también nos ayudará a renovar nuestro sagrado llamado bautismal". Y añadió, "empiezo a sentir mucha esperanza en el futuro".

Todos pensaron que habían terminado esta inesperada pero trascendental reunión hasta que Graciela, la coordinadora de Pequeñas Comunidades, hizo la siguiente observación: "Tenemos que ser prudentes para no darle a la feligresía la falsa impresión de que en el futuro, en la parroquia, ya no necesitaremos más al sacerdote. ¿Es este el mensaje que llevaría esta Asamblea? Porque no es eso lo que queremos decir, ¿verdad?"

Los miembros del Consejo le aseguraron que, naturalmente, no era ése el propósito. El presidente volvió a tomar la palabra y tranquilizó a todo el mundo. Después de agradecerle a Graciela su importante observación, les aseguró que, sin lugar a dudas, es esencial tener un sacerdote ordenado que viva en la parroquia. Que la escasez de sacerdotes había hecho patente la responsabilidad ministerial que tiene todo bautizado pero que el Consejo no quería que eso se fuera a interpretar como que los ministerios y el trabajo del laicado podían sustituir el ministerio y el trabajo del sacerdote.

Gustavo, del Comité de Ecología, sintió la necesidad de traer un asunto que no se había tocado, y dijo: "Yo estoy de acuerdo con que la Asamblea ayude a la gente a hacerse cargo de la parroquia, y también rezo porque pronto tengamos un párroco residente. Pero me preocupa el que estemos concentrándonos demasiado en que la parroquia continúe funcionando como siempre aunque no tengamos un sacerdote a tiempo completo y no atendamos la misión que tiene la parroquia en la sociedad. Según Vaticano II, nuestra credibilidad como iglesia viene de nuestra misión en el mundo, en la sociedad. Me preocupa que nos ocupemos tanto en arreglar los asuntos internos de la parroquia y no le prestemos atención a lo principal en la misión de Jesús, a lo que es el centro de todo ministerio. Por sobre todas las cosas, los ministerios tienen que ver con servir al reino de Dios. Este mensaje tiene que ser parte importante de nuestra Asamblea Parroquial". Todo el mundo aplaudió.

Fue una noche excepcional que llenó de gran entusiasmo al Consejo Parroquial. Era evidente que estaban listos para abrazar los grandes retos que enfrentaban como iglesia. Al levantar los trabajos de la reunión se tomaron de las manos para agradecerle al Espíritu Santo el haberles guiado en una reunión de tanta trascendencia. Con alegría contagiosa una de las mujeres del coro empezó un cántico a la Virgen María, al que todos fueron sumándose, para pedirle a la madre de Dios que los acompañara en esta peregrinación: "¡Ven con nosotros a caminar, Santa María ven!" cantaban confiados. Con una sonrisa pícara, Doña Felipa exclamó: "¡Ya verán! El trabajo que estamos planeando hacer el laicado en esta parroquia nos va a quedar tan rechulo, que los sacerdotes van a hacer cola para que los asignen a San Pedro, ¡y pronto volveremos a tener un párroco residente!"

# 3

# María Magdalena:
# Apóstol a los apóstoles

*Leticia Guardiola-Sáenz*

*"Jesús . . . le dijo: '. . . anda a decirles a mis hermanos que subo donde mi Padre, que es Padre de ustedes; donde mi Dios, que es Dios de ustedes'. María Magdalena fue a anunciar a los discípulos: 'He visto al Señor y me ha dicho tales y tales cosas'" (Juan 20:17-18).*

Cuando era niña teníamos en casa una colección de historias ilustradas de la Biblia que mi madre nos leía antes de dormir. Escuchar las historias de los héroes infantiles me hacía pensar que también yo podía ser como ellos. Imaginaba que Dios me daría sueños como los de José; o que me hablaría a medianoche, como a Samuel, aunque admito que esto me daba un poco de miedo. Lo que me parecía extraño era que no había muchas niñas heroínas con quienes identificarme. Las pocas que había—como la hermanita de Moisés, o la niña a quien Jesús resucitó—no tenían historias tan interesantes como las de los niños.

Para mi tristeza, descubrí luego que en los evangelios tampoco había muchas mujeres a quiénes imitar. La Virgen María era demasiado "perfecta" como para aspirar a ser como ella; las demás mujeres, en su mayoría conocidas como pecadoras, enfermas, adúlteras o poseídas de espíritus malos, no eran modelos atractivos. Más tarde aprendí que esas mujeres, aunque no siempre se les describía en detalle, eran más valiosas de lo que yo pensaba. Si el sistema patriarcal en el que vivían no había logrado ocultarlas, pues se mencionan en los evangelios, era porque su presencia y testimonio en la vida y el ministerio de Jesús habían sido reales e importantes. Negar la participación de las mujeres habría sido ignorar la radicalidad del mensaje de Jesús.

María Magdalena es una de esas mujeres clave en el ministerio de Jesús, que demanda nuestra atención. Su ejemplo es un reto y una invitación a un ministerio radical. En una sociedad que negaba la credibilidad del testimonio de las mujeres, Jesús llama, como testigo principal de su resurrección, a una mujer. Jesús desafía el sistema y las tradiciones, devuelve la voz y la credibilidad a las mujeres, anunciando así la presencia de una comunidad de iguales. La fe cristiana descansa en el mensaje fundamental de la resurrección, y Jesús envía a una mujer a proclamar ese mensaje.

Para apropiarnos de ese ejemplo de ministerio radical que María Magdalena nos ofrece, revisemos primero su historia.

## María Magdalena:
## Modelo de un ministerio radical

Una gran multitud de mujeres, cuyas historias jamás conoceremos, bendijeron con su presencia la vida de Jesús. Para bendición nuestra, no toda esa multitud ha quedado en el olvido. Los evangelios registran historias parciales de algunas de esas mujeres que siguieron a Jesús. Dentro de ese grupo, el caso de María Magdalena sobresale y es especial. Después de María la madre de Jesús, María Magdalena es la mujer más mencionada en el Nuevo Testamento. Los cuatro evangelios hablan de ella, y de cada uno de los relatos podemos aprender algún aspecto importante de su ministerio. En Mateo vemos como su lealtad y devoción a Jesús llevan a María Magdalena a estar presente hasta el instante último de la vida de su Maestro; en Marcos la vemos servir a Jesús aun después que éste ha muerto; Lucas nos habla de la gratitud y valentía de María para seguir y servir a Jesús; Juan se centra en el privilegio que recibe María de ver, antes que nadie, a Jesús resucitado y de ser enviada a anunciar la Buena Nueva.

Según dice el Evangelio de Lucas, Jesús anunciaba el reino de Dios por las ciudades y lo seguían los doce "y también algunas mujeres que había sanado de espíritus malos o de enfermedades: María, por sobrenombre Magdalena, de la que habían salido siete demonios; Juana, mujer de Cuza, administrador de Herodes; Susana, y varias otras que los atendían con sus propios recursos" (Lucas 8:2-3).

María había venido de Magdala, una ciudad comercial de Galilea, buscando a Jesús. Al escuchar de Jesús y su poder para sanar, María sale a su encuentro. Estaba enferma y Él era su única esperanza. En aquel tiempo era común que las enfermedades se consideraran como demonios que atacaban el cuerpo. No sabemos qué enfermedad tenía María; quizá algo serio porque se habla de siete demonios, pero sí sabemos que Jesús, conmovido ante la aflicción de María, la sana.

Al recibir la salud, María Magdalena se desborda en gratitud y pone su vida y sus posesiones al servicio de la misión de Jesús. En un sistema patriarcal que limitaba el papel de las mujeres en la sociedad, María, al parecer una mujer de negocios y soltera, desafía las costumbres y sigue a Jesús de aldea en aldea, ministrándole y dando testimonio de su poder sanador. María, como discípula, recibe y aprende las enseñanzas que Jesús predica.

María Magdalena, junto con el grupo de mujeres que seguían y servían a Jesús, lo acompañan fielmente hasta el último momento: la hora de dolor en la cruz. Seguir a Jesús tenía consecuencias políticas serias, pero eso no amedrenta a las mujeres. Ellas buscan estar presentes y, aunque desde lejos, observan con profundo dolor y compasión la agonía de Jesús en la cruz.

Después que lo han acompañado en su agonía en la cruz, las mujeres siguen sirviéndole a Jesús aun después de su muerte. Quieren ungir su cuerpo para el sepulcro, pero el día de reposo ha llegado y no pueden hacerlo, así que hacen planes para volver al día siguiente.

La historia sigue, y los evangelios informan que María Magdalena vuelve a la tumba el domingo por la mañana para ungir el cuerpo de Jesús, sólo para encontrarse con que Jesús no está en la tumba. De inmediato, María Magdalena corre a buscar a los demás discípulos para avisarles que se han llevado al Maestro. Pedro y el otro discípulo van al sepulcro, comprueban lo que ha dicho María y se van, sin más, del lugar. Pero según Juan 20:11-13, María Magdalena permanece sola ante la tumba, rehusándose a creer que todo ha terminado ahí. Se queda un poco más, como quien busca crear con la esperanza la oportunidad y el espacio para que algo sobrenatural suceda. Se acerca de nuevo a la tumba y ve entonces a unos ángeles que le preguntan por qué llora. En ese momento de agonía y dolor por no saber dónde han puesto a su Maestro, pero a la vez de profunda esperanza, María Magdalena se encuentra con Jesús. En medio de la confusión y las lágrimas María no lo reconoce, pero tan pronto la llama por su nombre, ella sabe que es Él. En un segundo, resuenan en sus oídos todas las veces que Él la ha llamado por su nombre. Se agolpan en su mente las imágenes de todas las veces que lo vió y lo escuchó predicar, que lo vió sanar a los enfermos, que compartió los alimentos con Él, y entonces su corazón estalla de gozo y lo llama de nuevo: "¡Maestro mío!"

Pero la historia de María Magdalena no termina ahí, más bien una nueva historia está a punto de comenzar. María no puede contener el gozo de saber que su Maestro ha resucitado y quiere abrazarlo como queriendo detener el tiempo y que las cosas vuelvan a ser como antes, cuando el Maestro estaba con el grupo. Pero las cosas han cambiado y Jesús se lo deja saber: ya no estará más aquí, ahora va al Padre, y una nueva comunidad está a punto de comenzar. Cuando Jesús pide a María Magdalena que vaya a anunciar a los discípulos el momento crucial de su ascenso, María no cuestiona lo que

Jesús le ha pedido. Tampoco duda de poder realizar la tarea; ella sabe que Jesús le ha dado una misión, y eso es lo que importa.

En una sociedad patriarcal que no valoraba el testimonio de las mujeres, Jesús elige a María Magdalena como testigo principal de su resurrección. Jesús desafía al sistema y restaura la voz y credibilidad de las mujeres, anunciando así la presencia de una comunidad de iguales. María Magdalena es "enviada a los enviados", es "apóstol a los apóstoles," para proclamar a los demás discípulos que la *vida* ha triunfado sobre la *muerte*, que Jesús ha resucitado. María sale a proclamar las buenas nuevas y, aunque algunos no le creen, ella no se cansa de anunciarlas. Gracias a su fe, determinación y perseverancia, nos ha llegado el mensaje de Jesús.

## Lecciones para nuestro ministerio

El ejemplo de Jesús, que llama a María Magdalena al ministerio , y la respuesta de ella, su ejemplo de servicio y entrega, nos ofrecen al menos cuatro pautas para nuestro ministerio hoy. El ministerio se vive con gratitud y entrega; se impulsa con fe y esperanza; se ejerce con determinación y perseverancia; y demanda una comunidad de iguales.

*El ministerio se vive con gratitud y entrega.* Lo primero que reconocemos en el ministerio de María Magdalena es la actitud de vida con la que ministra a Jesús. A María nadie la obliga a ministrar a Jesús, ni siquiera Jesús mismo. Cuando Jesús le da la salud y la salvación, una inmensa gratitud llena su corazón y la impulsa a dar testimonio y a entregar su vida y sus bienes a su servicio. Sólo un corazón agradecido puede proclamar las nuevas del reino y hablar de la paz y la justicia de Dios. El ejemplo de María Magdalena nos invita a meditar en la actitud con la que ejercemos nuestros ministerios en la iglesia. Cuando realizamos las labores ministeriales, por más pequeñas que éstas sean, debe ser la gratitud por nuestra salvación la que nos impulse a entregar nuestra vida en servicio. La arrogancia no tiene cabida en el ministerio. No debe ser nuestra autosuficiencia ni nuestro egoísmo el motor que nos lleve a servir, sino la gratitud de nuestra salvación que se demuestra en la entrega de vida.

*El ministerio se impulsa con fe y con esperanza.* Cuando María Magdalena va a buscar a Jesús para pedirle sanación, lo hace con fe y con esperanza. Cuando María recibe sanación su fe se confirma y una nueva esperanza nace en su corazón.

Mantener una fe y una esperanza vivas es lo que impulsa y alimenta nuestro ministerio en la comunidad. No podemos servir y ministrar si no creemos que el mensaje de Jesús es real y que Dios tiene poder para transformar el mundo.

La fe de María Magdalena en Jesús se mantuvo viva aun cuando parecía que todo había terminado. Mientras los demás se esconden atemorizados, María Magdalena va a la tumba. El evangelio dice que va a ungir a Jesús, pero yo creo que salió con fe y con la esperanza de que todavía podría suceder algo maravilloso. La esperanza de María Magdalena abre un espacio a lo sobrenatural, al encuentro con lo divino, y es así como ve a los ángeles y a Jesús. María espera con esperanza y ve lo que otros discípulos al principio no vieron.

Cuando ejercemos el ministerio, no podemos dejar de esperar, de creer, de soñar, de imaginar que el reino de Dios se hace presente de maneras sorpresivas. La fe y la esperanza son las que nos empujan a caminar el paso extra que nos ayuda a crear espacios nuevos donde converger con lo divino.

*El ministerio se ejerce con determinación y perseverancia.* María Magdalena ciertamente muestra determinación, valor y osadía al seguir a Jesús en medio de unas circunstancias culturales que no le eran favorables. En un mundo masculino que no apreciaba la independencia de la mujer, María tiene la determinación de desafiar su cultura para seguir a Jesús y lo hace con perseverancia, pues aun en los momentos difíciles y de dolor María sigue a Jesús, sirviéndole incluso cuando parecía que Él había muerto.

Lo que me parece más valioso de María Magdalena es que tiene la determinación para creer que Jesús la envía a los discípulos, pero sobre todo la determinación para creer en sí misma, para creer que puede hacer aquello que Jesús le está encomendando. En una sociedad que no daba crédito a sus palabras, María Magdalena cree que Jesús le ha devuelto la palabra y sale a anunciar las Buenas Nuevas. En más de una ocasión, el llamado ministerial se ejerce bajo circunstancias difíciles que ameritan determinación y perseverancia. A veces se trata de desafiar a la cultura, como es el caso de María y el de muchas mujeres y hombres que sienten el llamado a ministrar en un mundo discriminatorio. Pero eso, como lo vemos en María Magdalena, no debe ser obstáculo para cumplir la voluntad de Dios en nuestras vidas, para anunciar la fe que profesamos, y entregar con gratitud nuestras vidas en servicio.

*El ejemplo de Jesús enseña que el ministerio demanda una comunidad de iguales.* Cuando Jesús elige a María Magdalena como testigo principal de su resurrección, Jesús no sólo altera las expectativas de los discípulos, sino que desafía el mundo patriarcal de su tiempo. Contrario quizá a lo que los discípulos podrían haber esperado, Jesús no se aparece primero a uno de ellos. No se le aparece a Pedro ni al otro discípulo cuando van a la tumba a buscarlo, sino que se le aparece a María Magdalena cuando anda por el huerto, creando quizá un espacio de esperanza. Cuando Jesús se le aparece a María y le da un mensaje para los discípulos, Jesús les hace ver que María Magdalena es igual que ellos, que tiene la misma dignidad y el mismo valor que ellos como para ser mensajera y discípula del Maestro. Jesús también desafía el sistema patriarcal porque le da voz como testigo a una mujer y la envía a anunciar las nuevas de su resurrección a un grupo de hombres: los discípulos. Algunos de ellos dudaron siguiendo la tradición del sistema, pero cuando Jesús se les aparece más tarde, se dan cuenta de que Jesús les está invitando a una nueva forma de ser comunidad, en donde tanto mujeres como hombres puedan seguirle y servirle de la misma manera.

El ejemplo de Jesús nos desafía hoy a buscar y a considerar como iguales a los hombres a las mujeres de nuestra

comunidad a quienes hemos silenciado, así como el sistema
silenció a María Magdalena. Jesús nos invita a formar parte
de la comunidad de discípulas y discípulos que ejercen su
ministerio en igualdad. El ministerio sólo puede ejercerse
efectivamente cuando buscamos un discipulado de iguales.
El reto que Jesús nos lanza es que busquemos a aquellas
personas que por causa de su sexo, su educación, sus limitaciones de salud y otras razones hemos marginado, para
que las amemos y las contemos como parte del discipulado
de iguales que debemos vivir en la comunidad cristiana.

La vida y el ministerio de María Magdalena son una
invitación abierta a quienes están buscando un modelo radical de ministerio. Su vida no sólo desafía a las mujeres que
quieren servir a Jesús, sino a los hombres que quieren
ejercer un ministerio en medio de la comunidad de iguales.
Reconocer el ministerio que Jesús dió a María Magdalena
de ser "apóstol a los apóstoles" y ejercer un ministerio de
entrega, esperanza y determinación como el de María Magdalena, es vivir el ministerio de forma radical.

# 4

# Sembrador al voleo

*Justo L. González*

*"Escuchen esto: El sembrador salió a sembrar"*
*(Marcos 4:3).*

Frecuentemente se nos dice que una parábola no es más que un modo sencillo de enseñar una verdad profunda. Pero lo cierto es que una parábola es mucho más que eso. Muchas veces las parábolas de Jesús son un modo de decir indirectamente algo tan fuerte que si se dijera directamente no sería bien recibido. En este caso de la "Parábola del sembrador" (Marcos 4:1- 20), Jesús les dice a sus discípulos que la razón por la que les habla en parábolas a la gente es porque "Por mucho que miren, no verán; por más que oigan, no entenderán" (v. 12). En contraste, a los discípulos les dice que "a ustedes se les ha dado el misterio del Reino de Dios" (v. 11). Entonces, la famosa "Parábola del sembrador" no se limita a una alegoría que nos dice lo que resulta evidente: cuando se predica el mensaje cristiano unas personas responden de una manera, y otras de otra. La parábola nos dice algo que sólo entienden los discípulos y las discípulas; que sólo entienden quienes siguen a Jesús, aquellas personas a quienes, como Él mismo dice, se les ha permitido conocer los misterios del reino de Dios.

Por otra parte, la parábola, como un diamante bien tallado, tiene varias facetas, y lo que veamos en ella dependerá de la faceta por la que entremos a su estudio. Lo más común es centrar la atención en las diversas clases de terreno en donde la semilla cae y comparar esto con nuestras posibles respuestas a la proclamación del evangelio. Pero también se puede enfocar la atención sobre la tierra y entenderla como los obstáculos que nuestra labor ministerial encuentra: la tierra dura del camino representa a quienes no quieren oír el evangelio; quienes pisotean la semilla son quienes conocen el mensaje pero lo rechazan, las aves que se la comen son una imagen de quienes laboran en contra del mensaje del evangelio. En este artículo nos fijaremos en la semilla y en el sembrador.

Centremos entonces nuestra atención primeramente en la semilla. Jesús dice que "lo que el sembrador siembra es la Palabra de Dios" (v. 14). En la Biblia, la "Palabra de Dios" es mucho más que una buena enseñanza cualquiera, y hasta más que lo que Dios nos dice, nos enseña, o nos manda. En la Biblia, la Palabra de Dios es Dios mismo; es Dios en acción creadora y redentora. En nosotros los humanos, hay una diferencia entre la palabra y el hecho. Como se dice comunmente "del dicho al hecho hay un largo trecho". En Dios, sin embargo, el decir y el hacer son la misma cosa. Cuando Dios nos habla, nos topamos no sólo con lo que Dios dice sino con Dios mismo. Cuando Dios habla, Dios hace. Es por eso que el Evangelio de Juan empieza diciendo que "En el principio la Palabra existía y la Palabra estaba con Dios y la Palabra era Dios. Ella estaba en el principio con Dios. Todo se hizo por ella y sin ella no se hizo nada de cuanto existe. En ella estaba la vida y la vida era la luz de los hombres" (Juan. 1:1-4). Lo mismo puede verse en Génesis 1:3 donde lo que Dios pronuncia salta a la existencia. Dios dice "haya luz" y esa misma palabra es ya acto creador de tal modo que la luz es. Es por eso que en el libro del profeta Isaías Dios dice: "así será la palabra que salga de mi boca. No volverá a mí sin haber hecho lo que yo quería, y haber llevado a cabo su misión" (Isaías 55:11).

Luego de entender lo que representa la semilla, analicemos la figura del sembrador. En esta parábola del sembrador que sale a sembrar la Palabra de Dios, ese sembrador no es otro que Dios mismo, quien en toda su acción creadora va regando su palabra, creando lo que hasta entonces no existía, sosteniendo lo que ya existe, prometiendo lo que ha de ser. Aquí Dios se nos presenta como lo que comunmente se llama un "sembrador al voleo". Hay varios modos de sembrar. Uno de ellos consiste en colocar cada semilla en condiciones óptimas, sembrándola una por una. Así se siembra por ejemplo, el maíz, cuando el sembrador va haciendo hoyos en el surco y en cada hoyo coloca dos o tres semillas. Nuestros antepasados indígenas cuidaban de tal modo de cada semilla, que a veces junto a ella enterraban un pequeño pez, para que le sirviera de abono. En cierto sentido, es así que Dios se ocupa de cada persona, con un cuidado esmerado e individual. Es por eso que Jesús dice que no tenemos que temer, pues Dios nos cuida de tal modo que tiene hasta nuestros cabellos contados para que ni uno de ellos se pierda (Lucas 12:7).

Pero otro método de siembra, que se usa para otros cereales, es sembrar "al voleo". En ese caso, según el sembrador recorre el terreno, va lanzando al aire puñados de semilla que caen regadas por el campo. Es un método al parecer ineficiente, que no puede utilizarse para todas las cosechas. Ni el maíz ni los frijoles se siembran normalmente de esa manera y si alguien lo intenta, la cosecha será mínima. Pero el trigo y otros cereales sí se prestan para la siembra al voleo porque son semillas más pequeñas y el aire las esparce más uniformemente de lo que podría hacerse a mano, sembrando las semillas una por una. La siembra al voleo es un método generoso y exuberante, en cierto modo despreocupado. El sembrador sale a sembrar y tira la semilla al aire, sabiendo que parte de ella caerá junto al camino, parte en pedregales, parte entre espinos y que sólo una parte de la semilla caerá en terreno fértil. Pero a pesar de todo, el sembrador no escatima la semilla, pues sabe que la cosecha abundante depende de una siembra igualmente abundante. La semilla se siembra al voleo porque de otro modo no se cubriría todo el campo y, aunque se ahorraría alguna semilla, se desperdiciaría mucha tierra, que quedaría sin sembrar porque el tiempo de la siembra no alcanzaría para sembrarla toda.

Si la Palabra de Dios es la acción creadora, sostenedora y redentora de Dios, Dios es un "sembrador al voleo". Dios crea miles y millones de estrellas, constelaciones, galaxias. Dios crea plantas, animales, insectos, ríos, montañas. Dios crea mariposas y mosquitos, rosas y espinas, alacranes, crepúsculos y margaritas. Dios crea millones y millones de seres humanos. Unos pueden ser mejores que otros. Pero sobre todos por igual, buenos y malos, justos e injustos, Dios hace que salga el sol y que caiga la lluvia (Mateo 5:45). Si algo caracteriza a este sembrador que es nuestro Dios, es su generosidad creadora, su liberalidad sosteniéndonos en la existencia, su magnanimidad perdonadora y restauradora. ¡Nuestro Dios es un sembrador al voleo! Nuestro Dios no siembra sobre la base de cálculos acerca de la cosecha. Nuestro Dios confía en el poder germinador de su Palabra que es semilla y la lanza a los cuatro vientos, para que vaya y haga aquello para lo cual fue enviada.

Pero hay más. El fruto de la siembra se vuelve a su vez semilla. Si somos personas cuya existencia misma se debe a la Palabra del Dios que siembra al voleo y, si esa existencia cobra dimensiones de milagro porque esa generosidad de la siembra divina nos ha alcanzado, entonces también tenemos el llamado a sembrar la misma semilla que ha fructificado en nuestras vidas. El fruto al "ciento por uno" no nos es dado para que lo almacenemos, o sencillamente para que con él hagamos nuestro pan. El fruto nos ha sido dado, sí, para alimentarnos, pero también para que se vuelva semilla que sembremos "al voleo", como siembra el divino sembrador.

Ciertamente, hay que ser prudentes en el uso de nuestros recursos. No es cuestión de despilfarrarlos sin ton ni son. Sembrar "al voleo" no es lo mismo que sembrar "a lo loco". Tenemos que usar de toda la sabiduría, la astucia y el conocimiento que Dios nos ha dado, para que nuestra siembra sea fructífera. Pero con todo y eso, si la semilla de la palabra ha fructificado en nuestras vidas, esa misma semilla nos llama a imitar al Dios generoso, magnánimo, libérrimo, cuyo carácter mismo se manifiesta en esa maravillosa siembra al voleo que nos llamó a la existencia y que nos llama también al evangelio. Nuestra tarea es sembrar la misma semilla, la Palabra de Dios, el amor de Dios, al voleo, con liberalidad sin límites. Ciertamente parte de nuestra siembra caerá junto al camino, donde los transeúntes y los opresores la pisotearán. Y otra caerá entre espinos, donde otros intereses la ahogarán. Pero parte caerá en buena tierra ¡y dará fruto al ciento por uno!

Si tal es el sembrador, ¿dónde encontramos en la parábola a los que no escuchan? No olvidemos que Jesús les dijo esta parábola, no únicamente a sus seguidores y seguidoras, sino también a toda aquella multitud que según Él "por mucho que miren, no verán; por más que oigan, no entenderán". Lo más común es pensar acerca de tales personas como los diversos terrenos inhóspitos—la tierra junto al camino, el pedregal, la tierra llena de espinos. Quizá podamos pensar acerca de ellas como los diversos obstáculos y enemigos. En tal caso, lo que Jesús está diciendo es que quienes no reciben la palabra no son sólo terrenos inhóspitos, sino que son enemigos de la palabra, destructores, ahogadores. Entonces la semilla no prospera, no sencillamente porque haya caído en mala tierra—es decir, en quien no quiere creer—sino también porque en torno a esa tierra hay toda una muchedumbre de enemigos.

Lo que esto quiere decir es que lo que destruye o malogra la cosecha no es únicamente la actitud de nuestro corazón, lo que llamamos el "fuero interno", sino también el entorno, el contexto social, la "tierra" donde la semilla cae. Así, por ejemplo, algunos de los primeros misioneros a estas tierras americanas decían que sus habitantes originales, los que llamaban "indios", estaban predispuestos a creer el evangelio, pero que eran los conquistadores y a veces hasta los misioneros mismos, los que con su ejemplo y sus opresiones ahogaban la buena semilla, como otros tantos espinos en un sembrado. Hoy también es frecuente el caso de quienes escuchan la palabra y quisieran creer; pero su naciente fe cae en contextos sociales injustos, en "tierra" infértil.

Hoy en día la "tierra" en medio de la cual vivimos es toda una serie de estructuras sociales que tienden a ahogar la semilla de la palabra. Es un contexto social en el que los poderosos, para salir adelante, oprimen a los débiles . Es un contexto social en el que las mujeres, las niñas y los niños son abusados. Es un contexto social en el que los medios de comunicación, las instituciones sociales como las asociaciones profesionales, los sistemas educativos y a veces hasta la iglesia misma, nos invitan a no protestar en contra de la injusticia y a menudo favorecen el que nos aprovechemos de ella. En tal contexto, ¡es ciertamente un milagro el que parte de la semilla encuentre suficiente tierra buena en la cual echar raíz y dar frutos de justicia y de amor!

Por otra parte, estamos los que hemos escuchado, entendido y creído, pero el hecho de que hayamos creído no se debe sencillamente a que seamos "buena tierra". Si nuestra incipiente fe no fue destruida por quienes pisotearon la semilla junto al camino, ni comida por las aves, ni ahogada por los espinos, ello es obra de la gracia de Dios y no de nuestra virtud ni de nuestra condición personal de "buena tierra". Ciertamente, tenemos la responsabilidad de abonar y nutrir la semilla que ha sido sembrada en nuestras vidas. Sin nuestra colaboración la semilla quedará ahogada, como entre espinos. Pero no por ello tenemos derecho a hincharnos y enorgullecernos, como si la siembra fuese obra nuestra y no de Dios.

Pero hay más. El hecho mismo de que estemos estudiando esta parábola indica que de algún modo en nosotros la semilla de la palabra ha echado raíces. Indica que no somos o al menos no queremos ser, como las aves que destruyen la semilla, ni como la tierra que no le da cabida. Al contrario, como discípulos y discípulas de Jesús hemos recibido la semilla, la Palabra y ahora hemos de dar fruto "unos a treinta, otros a sesenta y otros a ciento por uno" (Marcos 4:20). En aquellos tiempos y hasta fecha relativamente reciente, el rendimiento de una cosecha de trigo era normalmente de tres por uno, es decir, que por cada semilla sembrada se cosechaban tres. Por tanto, cada año era necesario conservar la tercera parte de la cosecha como semilla para el próximo año. Además, si alguna vez se malograba la cosecha, no bastaba siquiera para la siembra del año próximo y entonces la escasez y el hambre bien podían durar varios años. En contraste con tal experiencia común, Jesús habla de una semilla que da fruto treinta, sesenta o cien por uno. Para cualquier oyente de entonces que supiese algo de agricultura, tal proporción resultaría exagerada hasta el punto de parecer ridícula. Quizá sea por eso que Jesús mismo dice que no espera que sus oyentes comunes entiendan lo que les está diciendo. Para tales oyentes, Jesús estaría sencillamente sugiriendo cosas imposibles.

Empero los creyentes, aquellos seguidores y seguidoras de Jesús que sí entienden "el secreto del Reino de Dios", saben que no se trata de una exageración, sino de una promesa y de una promesa basada en lo que Dios ya ha hecho. Un rendimiento de tres por uno sería normal. Uno de cuatro o cinco por uno sería excepcional. Pero un rendimiento del ciento por uno sólo es posible porque la Palabra de Dios es poderosa para crear, para llamar la luz de en medio de la oscuridad, para restaurar a los perdidos, para liberar a los oprimidos y para hacernos fructificar de manera inaudita a quienes no somos más que tierra común. La siembra de la Palabra no es una siembra meramente natural, con resultados predecibles y calculables. La siembra de la Palabra tiene resultados tan impredecibles, que ha hecho y puede hacer de cada una de nosotras y de cada uno de nosotros lo que de otro modo ni siquiera podríamos imaginar. Gracias al poder de la palabra podemos trascender los límites de lo humanamente calculable y podemos dar fruto al ciento por uno.

Eso lo vemos repetidamente en la vida de la comunidad cristiana. Una mujer a quien se le ha enseñado que no sirve más que para someterse a los varones, para servir a su esposo, al encontrarse con la Palabra, se vuelve líder. Un joven inmigrante a quien se le tilda repetidamente de "ilegal" y que teme que ha de pasar su vida escondido y escondiéndose, al encontrarse con la Palabra descubre un poder inesperado para reclamar justicia, para reconstruir su vida, para luchar contra los prejuicios que dominan la sociedad. Un negociante cuyo propósito era sencillamente hacer dinero, al encontrarse con la Palabra se vuelve generoso y quizá hasta empieza a apoyar los sueños y las aspiraciones de aquella mujer y de este inmigrante. Todo esto y mucho más, lo hace esa Palabra que era desde el principio con Dios; esa Palabra que llamó a César Chávez, a Martin Luther King, Jr., a la Madre Teresa, a cada uno de nosotros y de nosotras y que de cada uno hizo una persona nueva.

El sembrador, el Dios cuya Palabra es semilla, salió a sembrar. Y sembró pródigamente. Cuando la tierra estaba desordenada y vacía, el Sembrador Creador plantó una creación de asombrosa variedad. Cuando la humanidad estaba perdida, el Sembrador Redentor, pasando por la cruz, sembró en la tumba semilla de resurrección. Cuando nuestras vidas parecían carecer de sentido, el Espíritu Sembrador sembró en ellas semilla de esperanza. ¡Tal es nuestro Dios! Y porque tal es nuestro Dios, nuestras vidas han de fructificar, de modo que demos fruto al treinta por uno, al sesenta por uno y hasta el ciento por uno; y que ese fruto se vuelva a su vez semilla de esperanza, de amor y de justicia, sembrada con la misma liberalidad con la que Dios esparce su semilla.

# 5

# El silencio del cuerpo:
# La historia de Tamar

*Cristina García-Alfonso*

*"Entonces Judá . . . dijo: más justa es ella que yo . . ."*
*(Génesis 38:26).*

Muchos son los nombres de mujeres que encontramos en la Biblia y que acompañados todos de sus propias historias, hace que ellas también estén presentes: guiando a un pueblo, profetizando a las naciones, haciendo justicia y alabando la grandeza de Dios. Nombres como Miriam, Débora, Ana, Esther, entre tantos otros, han quedado grabados de forma tal en el tiempo, que aún hoy hallamos los mismos nombres, a veces con historias paralelas, en la vida de tantas niñas, luego mujeres y ancianas.

Uno de esos nombres que encontramos en las Sagradas Escrituras y que se refiere a una mujer que marcó y dio un giro inesperado al curso de los acontecimientos de su época, es el de Tamar (Génesis 38:1-30). Muchos son los creyentes que ignoran su nombre y, por ende, su historia, tan cotidiana y simple a nuestros ojos pero a la vez tan profunda y valiosa. A tantos siglos de distancia, constituye un reto para nosotros y nosotras como iglesia descubrir la experiencia de Tamar y desempolvar la lucha que fue capaz de sostener en su tiempo. Atrapada en condiciones culturales, sociales y religiosas distintas, pero con sorprendentes equivalencias a las nuestras, Tamar y su historia, nos permiten iluminar la experiencia cotidiana de uno de los grupos más excluídos de la historia: las mujeres.

La historia de Tamar es, sin lugar a dudas, impresionante. Primeramente es una historia olvidada que pasa aparentemente inadvertida por encontrarse insertada en la historia de José, entre relatos de hombres. Allí, donde son los hombres los que piensan y actúan, se nos presenta una mujer que es capaz de obrar con sabiduría y mostrar su espíritu de resistencia ante una situación de supervivencia. Al adentrarnos en el pasaje bíblico sin olvidar, naturalmente, el contexto sociológico en el que se desarrolla la historia y al proyectar nuestra mirada sobre la vida de esta mujer y de cada uno de los personajes, examinaremos las distintas posturas que asumen dichos personajes, sus aciertos y desaciertos.

La historia bíblica de Tamar empieza relatando cómo Judá, uno de los patriarcas de las doce tribus de Israel, formó su familia casándose con la hija de un cananeo, con la cual tuvo tres hijos: Er, Onán y Sela. Judá casó a Er, el primogénito, con una mujer llamada Tamar, pero éste tenía mala conducta ante Dios y Dios le quitó la vida.

Existía en esa época una costumbre conocida como la "ley del levirato", del latín *levir* que significa cuñado, que planteaba que si un hombre casado moría sin tener hijos, su hermano o pariente más cercano estaba obligado a casarse con la viuda y al hijo nacido de esa unión se le consideraba hijo y heredero legal del difunto. Esta práctica, como es de suponer, tiene una raíz económica, y una de sus razones principales era asegurar que el patrimonio familiar no cayera en manos ajenas a la familia. La ley contemplaba el contrato que se hacía entre ambas familias y estipulaba que bajo ningún concepto podía la familia del novio devolver a la viuda a su familia de origen.

Una ley de esta índole le negaba a la viuda el derecho a desear y escoger a su futuro esposo; pero costumbre y ley se unían y esa alianza era mucho más fuerte de lo que Tamar, en su época, hubiera podido imaginar. En este primer momento del relato, por lo tanto, Tamar se nos presenta como alguien obediente de la ley, pasiva en cuanto a su capacidad de cuestionarla o transformarla; alguien que, a pesar de que bajo esa misma ley le son violados sus derechos, se somete a los requerimientos de su momento e intenta ser fiel a la ley y a la sociedad.

Al continuar el recorrido por el pasaje, descubrimos el engaño al cual es sometida Tamar justamente por los que tienen en sus manos el poder de implantar y el deber de cumplir las leyes. Primeramente es Onán quien al no querer darle un hijo al hermano difunto, interrumpe el acto sexual, violando así la ley. Según el relato, este acto desagrada a Dios, quien le quita también la vida. Después es Judá, el suegro, quien viola la ley y envía a Tamar de vuelta a su casa con la promesa de que la mandará a buscar tan pronto como Sela, el tercer hijo, tenga edad para casarse. Pero Judá no cumple su promesa y por lo tanto, no cumple con la ley. Y así, viuda y sin hijos, regresa Tamar a su casa. No olvidemos que no había mayor ofensa y humillación que ésta para una mujer de su época. El no tener hijos o el ser estéril en la sociedad israelita era una de las mayores desgracias que podía sufrir una mujer. No sólo se dañaba su autoestima, sino que era despreciada por su comunidad. La mujer sin hijos que volvía a su pueblo sufría la ignominia de haber sido expulsada de la casa del difunto esposo y de no pertenecer más al linaje del esposo; en otras palabras, se quedaba sin familia. La ausencia de hijos también tenía implicaciones económicas ya que en la vejez ellos serían el único amparo de su madre.

El ser viuda en la sociedad israelita también tenía connotaciones negativas. El morir antes de la vejez era visto como un castigo de Dios—cosa que la historia de Tamar hace muy explícito. A la viuda se le extendía la culpa y el bochorno del pecado por el cual Dios le había quitado la vida a su marido. Por lo tanto, no sólo cargaba con el estigma de la viudez sino también con el pecado del difunto marido, algo que le era ajeno pero que la sociedad injustamente le atribuía. Todo este sistema de creencias suponía, por supuesto, una situación degradante para la viuda; un maltrato comunitario todo lo más marcado por hacerla vestir ropas de viuda, hecho que la señalaba visiblemente como una mujer sin valor. El maltrato que recibían las viudas en Israel queda aún más claro si vemos que "viuda" en hebreo *'alma*, es semejante a la palabra que significa "ser muda". La viuda entonces, y más la viuda sin hijos como Tamar, no tenía voz, no tenía ningún valor, era invisible.

Ante esta realidad, lo único que podía esperar una viuda era la compasión pública, compasión que, a mi modo de ver, indica principalmente lástima. La compasión, entendida como lástima, es un sentimiento negativo contrario a la solidaridad; esta clase de compasión no ayuda a la viuda, como ser humano, a salir adelante y a ser sujeto de su propia historia. Es en este sentido que las voces proféticas de Israel agrupaban a las viudas con los huérfanos y extranjeros, los tres grupos que se situaban en el escalón más bajo de la esfera social.

Por años Tamar sufre esta ignominia en silencio. El texto no indica si acepta su situación por no tener recursos para enfrentarse a su suegro, o si simplemente estaba esperando la mejor oportunidad para lograr cambiar su suerte. La historia se mueve a un segundo momento cuando Tamar se enfrenta al engaño de que ha sido objeto, a la realidad de marginación y violencia en que ha sido colocada por otros. De alguna manera Tamar se da cuenta de que las reglas de la sociedad que ella tan meticulosamente ha tratado de seguir, no le sirven; se da cuenta de que al no tener control sobre ellas, las reglas en vez de protegerla y liberarla, la oprimen. Abiertos los ojos a su realidad Tamar decide actuar, y opta por luchar por que la justicia deje de ser para ella una utopía y se convierta en una realidad.

La toma de conciencia de Tamar es definitiva, contundente y así lo demuestra el plan que elaboró y llevó a cabo esta mujer para lograr que se le hiciera justicia. Judá, el suegro, visita el pueblo de Tamar y ella aprovecha esa ocasión para lograr un hijo de la familia de su esposo. Usando la vestimenta para simbolizar lo que pasa, el texto indica cómo Tamar deja a un lado su rol de viuda y asume el rol de prostituta: "Ella entonces se sacó sus ropas de viuda y se cubrió con un velo, y con el velo puesto fue a sentarse a la entrada de Enaín . . ." (Génesis 38: 14). Ninguno de los dos roles indican la totalidad de Tamar como persona. Los dos la marcan temporalmente y ella se mueve de uno al otro para lograr lo que el sistema le había negado: un hijo.

Tamar queda embarazada de Judá quien cree que se ha acostado con una prostituta. Cuando Judá le ofrece enviarle un cabrito como paga por sus servicios, Tamar le responde que sí, pero que en garantía le deje el cordón de su vestimenta, el sello de su identidad y el bastón que indica su autoridad como jefe de familia, justamente los símbolos que lo identifican como el patriarca, el que tenía la obligación de darle un hijo. El texto deja bien claro que no son ganancias económicas lo que ha empujado a Tamar a prostituirse sino su lucha por la justicia.

Usando los medios a su alcance dentro de la sociedad en la que vivía y siguiendo las leyes de esa sociedad, Tamar arriesga su vida pero logra expandir suficientemente los límites de su sociedad y alcanzar su propósito. Tamar se prostituye para obtener los símbolos que le harán posible el reclamar que el hijo que concibe pertenece a la familia de Judá. Tamar se apropia de las vestimentas que identifican a Judá como jefe de familia y patriarca y, lo que es aún más importante, se apropia también del cuerpo de él a través de las relaciones sexuales que hacen posible el que tenga hijos.

El conflicto de Tamar y la solución que se ingenia pueden, en cierta medida, parecer difíciles de explicar hoy en día, pero no lo son tanto cuando entendemos el trasfondo de su acción y las sutilezas que establece en su lucha. Van tejiéndose en esta historia, relaciones de poder asimétricas en que los hombres, y principalmente Judá, juegan con la vida de Tamar, que va de un lado a otro sin que pueda decir nada al respecto. Son los hombres de la familia de su difunto esposo los que tienen el poder de decidir qué hacer con ella, con su vida, con su cuerpo, con el derecho a permanecer en la familia y a tener hijos. Sin embargo, Tamar, desde su lucha anónima descubre que ese poderío masculino tiene debilidades y puede fracasar, como fracasa toda propuesta de vida que excluye al ser humano de su derecho a desarrollarse plenamente.

En la segunda parte de la historia, el poder social y familiar que aparentemente tenía Judá, es controlado desde lo secreto por Tamar. Desde el silencio de su cuerpo ella establece su lucha, y en todo momento será el cuerpo el sujeto de la acción y el móvil de solución en el conflicto existente. Al tener relaciones sexuales con Judá, Tamar se apropia del cuerpo de su suegro, de su poder como jefe de tribu y logra recuperar su derecho a permanecer en la familia de su difunto esposo y en su comunidad de fe.

Cuando Judá se entera del embarazo de Tamar, este hombre que hasta el momento simplemente había ignorado la ley, reacciona airado, ofendido. ¡Es *entonces* que la recuerda y en nombre de esa ley manda a matar a Tamar! Pero Tamar, que ya se había arriesgado hasta el punto de casi perder la vida, tiene la razón de su parte y triunfa en sus empeños: Judá, al ver los artículos personales que en garantía le había dado a la prostituta, se da cuenta de lo que ha pasado y recapacita.

Aquí el relato entra en una tercera fase en la que se señala el éxito de Tamar. El texto hace notar que Judá reconoce su actitud injusta hacia Tamar, al igual que la de su segundo hijo Onán y anula la orden de que la maten. El cambio de actitud de Judá es una de las victorias de Tamar. Su segunda victoria es el hecho de que Judá la reconoce como "justa"(*sadeqa* es la palabra que usa el texto en hebreo). En la Biblia, los justos y las justas son quienes caminan con Dios, quienes Dios ha privilegiado y, por lo tanto, tienen un rol importante en la historia del pueblo elegido. Judá reconoce que es él quien ha sido injusto y asegura que Tamar, a quien estuvo a punto de matar, es una mujer justa.

Es importante entender que en esta historia Tamar engaña porque está convencida de que tiene que serle fiel a una verdad aún más importante que las convenciones de la sociedad en la que vive. A través de su engaño se revela la injusticia del suegro, la gran mentira del patriarca que ha defraudado las convenciones sociales. También tiene que serle fiel a su persona y dentro de los recursos que tiene a mano ella sí hace que la ley se cumpla. Y lo que es más significativo para ella, logra recuperar como mujer el espacio que, aunque pequeño, le pertenecía dentro de la familia, la comunidad de fe y la sociedad.

Desde su lucha anónima ha cuestionado la estructura patriarcal de la sociedad, ha mostrado sus debilidades, y propone con su acción una nueva forma de relación entre los seres humanos, donde la equidad y reciprocidad constituyen los únicos y verdaderos pilares para la vida. El cambio que Tamar ha logrado en Judá supone una pequeña fisura en el sistema opresivo de la sociedad y la esperanza de un futuro justo para las mujeres.

Es interesante notar cómo por el cuerpo de Tamar pasan varios hombres con diferente status social, status que es determinado por la posición de cada cual dentro de la familia. El cuerpo de Tamar regula la economía, en el sentido de que influye con quién se casan dos de los hermanos y en quienes serán los herederos de Judá. Al pasar los hermanos y el suegro por su cuerpo, al tener relaciones sexuales con ella, pasa también el status social y económico de cada cual, el dinero, la herencia, las tierras, las riquezas; todo lo que cada uno trae consigo. Unos con más riquezas que otros, unos con mayor status social que otros, pero a fin de cuentas, todos pasan por ella, por su cuerpo.

Además de la economía y el status social, también la ley pasa por el cuerpo de Tamar y eso lleva, sino a un cambio de ley, por lo menos a una situación en la cual la ley es suspendida, no la matan aunque ha tenido relaciones con un hombre que no es su marido. Judá, como representante de la ley por ser la cabeza de la familia, trata de usar la ley, para conquistar el cuerpo de Tamar: lo desecha cuando no le conviene, lo desea y usa cuando quiere y después lo rechaza. Llega el momento en que su control sobre el cuerpo de Tamar es tal, que ordena que la maten.

Sólo el afán, el convencimiento y la perspicacia de Tamar la salvan, precisamente porque ha sabido usar su cuerpo para lograr justicia.

A lo mejor la mayor recompensa de Tamar sea la de dar a luz a mellizos. ¡No es uno, sino dos los hijos de Tamar! De ser viuda, de llevar una vida de destitución, Tamar pasa a ser madre de dos hijos lo cual le asegura su lugar en la familia de Judá y seguridad en su vejez. Como vindicación de su vida y sus luchas, como señal de lo que logró gracias a su astucia, al valor que la llevó a correr un riesgo tan grande, Tamar recibe, desde el punto de vista cristiano, la mayor recompensa cuando algunos siglos más tarde es incluída en la genealogía de Jesús (Mateo 1:3).

## Aportes para el ministerio de la iglesia

Aun cuando el relato de Tamar no ha sido considerado en las comunidades de fe como base para el ministerio pastoral, el texto en sí mismo tiene mucho que brindar en una pastoral de acompañamiento a la mujer. Si bien es cierto que la historia de Tamar la rige una ley que no existe en nuestra sociedad, las formas de pensar acerca de la mujer (acerca de su cuerpo) que hay en este relato bíblico sí son ideas vigentes en nuestra sociedad y en las iglesias. Aunque es cierto que no tenemos en nuestros códigos de leyes, una ley como la del levirato, hay que reconocer que varios de los presupuestos de esta ley se dan, se expresan en nuestros días con rostros y nombres modernos. Por esta razón a todavía hoy podemos aprender de Tamar y de su manera de actuar.

El relato de Tamar no habla explícitamente de la violencia sexual hacia la mujer, pero cuando analizamos las implicaciones que tenía para las mujeres la ley del levirato, podemos ver que daba pie a la violencia y al abuso sexual. Como hemos dicho al principio de esta reflexión, la ley del levirato tenía como único propósito brindar un heredero a la familia. Era una ley que protegía y beneficiaba a la familia del marido y que hacía obvio que se valoraba a la mujer sólo

por su capacidad de procrear. En este caso, la historia de
Tamar refleja muy bien la esencia de esta ley que, diseñada
para proteger el sistema y poder patriarcal de la época, vio-
lentaba el cuerpo de la mujer, tratándolo sólo como un objeto, limitándolo a su capacidad reproductiva y desechándolo
luego de que cumpliera tal propósito.

Esta manera de pensar sobre la mujer que se refleja en
la ley del levirato, que oprimió a una y a muchas Tamar, que
sólo les dio valor porque podían engendrar hijos, me hace
pensar en las muchas Tamar de hoy que toman responsabilidad exclusiva cuando no logran salir embarazadas; me hace
pensar en las muchas Tamar de hoy día que son vistas solamente como objeto sexual. La mentalidad que lleva a pensar
en el cuerpo de la mujer como objeto es la misma que hace
posible el abuso sexual y muchas de las manifestaciones de
violencia en contra de la mujer. Si el cuerpo de la mujer vale
sólo como objeto sexual y si no es parte integral de la mujer-
persona, entonces a ese cuerpo y a esa mujer se les puede
pegar, se les puede explotar, se les puede obligar y doblegar,
se les puede abusar.

Este texto urge a los ministros y todos los miembros de
las iglesias a prestarle atención a las injusticias que, por ser
mujeres, sufrimos las mujeres. Como lo demuestra el propio
texto que comentamos, si no es bueno para la mujer tampoco puede ser bueno para nadie. La injusticia y las consecuencias de la injusticia, al final nos afectan a todos. Por lo
tanto, las iglesias deben proveer talleres educativos y programas de ayuda a las mujeres, en particular a las que viven
situaciones abusivas. Las iglesias tendrían que tener un
ministerio de acompañamiento efectivo que incluya el trabajar para que se cumplan las leyes que protegen a las
mujeres de situaciones de maltrato y de discriminación, un
ministerio que les extienda a las mujeres apoyo y ayuda personal y les ofrezca, cuando sea necesario, albergues en los
que puedan refugiarse con sus hijos e hijas.

Una segunda enseñanza que se desprende del relato de
Tamar tiene que ver con reconocer la capacidad que tenemos
las mujeres de vislumbrar opciones, tomar decisiones, y

actuar dentro de situaciones adversas o esquemas patriarcales opresivos. Tamar es fiel ejemplo de ello, cuando en medio de un contexto adverso supo hallar alternativas a su situación. Con su actuar, no sólo trató de sobrevivir dentro de un sistema opresivo; también cuestionó, desafió y denunció sus fallas. Aun cuando nuestro contexto es muy diferente al de Tamar, y sin dejar a un lado los principios y las normas morales que aseguren una vida digna para todos y todas, debe primar el respeto a la capacidad que tenemos las mujeres de analizar los conflictos que surgen en nuestras propias vidas y debe primar el respeto a la habilidad que tenemos para crear soluciones y encontrar alternativas que hagan posible para nosotras el triunfo de la justicia.

Las iglesias, además de acompañamiento, deben respeto a las mujeres, deben respeto a nuestra capacidad de optar y decidir. Las iglesias están llamadas a apoyar y a caminar con las mujeres en la búsqueda de soluciones a nuestros conflictos, tanto en el ámbito social como en el personal. Y además, están llamadas a respetar a las mujeres como agentes morales que somos, sin imponernos los discursos patriarcales que durante siglos han regido nuestras sociedades y comunidades de fe y que tanta confusión, dolor y opresión traen a nuestras vidas. Dejar que las mujeres opten por ellas mismas, alentarlas y apoyarlas en este empeño y tener fe en las posibilidades o soluciones que surjan, es un primer paso para la verdadera liberación de las mujeres. Es importante confiar en que las respuestas que se vislumbren desde la experiencia de marginación siempre serán más justas que las que surgen de discursos repetidos sin convencimiento, forzosamente aprendidos, formulados por otros—sí, formulados casi exclusivamente por hombres—discursos caducos, excluyentes y, por lo tanto, opresivos, que distan mucho de las realidades y las necesidades que vivimos las mujeres.

Otro detalle que las iglesias deben tener en cuenta tiene que ver con la soledad en que viven muchas mujeres. El texto que hemos comentado revela que la lucha de Tamar es una lucha enteramente personal. En ningún momento el pasaje recoge que esta mujer estuviera acompañada en medio de su experiencia de exclusión o que alguien se hiciera solidario con su dolor. En medio de su soledad, sufrió y actuó al parecer sin apoyo alguno y las soluciones que dió al conflicto no sólo las llevó a cabo sola sino que también parece haberlas concebido en soledad. Para muchas mujeres sus luchas son solitarias y personales, como personal y solitaria fue la de Tamar. Las alternativas que fluyen desde sus experiencias parten de la exclusividad de su dolor, desde su soledad y silencio. La solidaridad y el acompañamiento en medio de una experiencia de exclusión y de violencia a la cual sometieron a Tamar y a la cual someten a muchas mujeres hoy, son importantes; pero valioso es también descubrir que las acciones y los esfuerzos de las mujeres en medio de estas circunstancias son válidos y efectivos, aun cuando parten de la lucha de una sola persona, como válida y efectiva es la lucha de las pequeñas abejas que aportan su miel, sacuden la colmena y endulzan la vida.

En este sentido, parte de nuestra labor como ministros e iglesias debe ir encaminada a un acompañamiento, a un caminar con cada mujer, paso a paso, alentando y participando en su lucha, en la búsqueda de pequeñas estrategias que alivien su vida, que la impulsen a salir adelante desde el quehacer cotidiano, desde el espacio de su casa que es, a fin de cuentas, donde empieza toda liberación.

## Conclusión

Cuerpos como el de Tamar, patrimonio exclusivo de hombres y sociedades, emergen hoy desde sus pequeños espacios para mover estructuras de poder, reclamar justicia y promover nuevas relaciones entre los seres humanos. Por el cuerpo de muchas niñas y mujeres, también hoy, pasa la economía, la violencia y la ley. Pasan los cuerpos de aquéllos que trafican con su individualidad, cuerpos que las excluyen de sus espacios de desarrollo, cuerpos que pisotean las leyes y los derechos que las respaldan, cuerpos que actúan con violencia, en cualquiera de sus manifestaciones.

Relatos como éste que acabamos de escudriñar, nos transportan a un pasado que está muy cerca de nosotras y nosotros. La vida y las experiencias de Tamar dejan huellas de una lucha que no ceja, de una fe, que enraizada en el Dios que asiste y resiste junto a sus hijas e hijos, afirma y reafirma la opción por la vida y su plenitud. Las huellas de Tamar son huellas frescas, pues un sin fin de mujeres, continuamos haciéndolas hoy.

# 6

# El otro lado de la hospitalidad

*Sandra Mangual*

*"Yendo de camino, entró Jesús en un pueblo y una mujer llamada Marta lo recibió en su casa. Tenía ésta una hermana de nombre María . . ." (Lucas 10: 38-39).*

La hospitalidad, en la tradición bíblica, es una práctica tenida en muy alta estima. En la antigüedad, recibir a una persona extraña o necesitada y hospedarla durante un tiempo, era un deber ante Dios y la comunidad. Crecí en una familia que asumió esta práctica con un sentido de misión muy grande. Las puertas de nuestra casa siempre estuvieron abiertas para las personas necesitadas. Familiares cercanos y aun parientes distantes encontraron siempre albergue en nuestro hogar. Por eso, cuando la pobreza hizo intolerable nuestra existencia, viajar a los Estados Unidos parecía la decisión más sabia. Era la década de 1950 y creímos que, por ser ciudadanos americanos, seríamos tratados con generosidad y afecto. Lo cierto es que descubrimos el lado de la hospitalidad inhóspita. La política del grupo dominante de la sociedad neoyorquina nos evaluó diciendo que no añadíamos honor a su comunidad. A pesar de cumplir con todos los códigos de conducta y las obligaciones establecidas

43

por esa sociedad, nunca se manifestó el sentido de consideración y acogida que la gente viajera espera de su comunidad anfitriona. El trabajo en la fábrica y el discrimen en la calle eventualmente llevaron a mi familia de regreso a la patria, sin que la relación inicial de huésped-anfitriona sugiriera cambios favorables. Fuimos extraños huéspedes sociales por muchos años.

Sin embargo, a pesar de la indiferencia que recibimos de la gran ciudad, en la comunidad más íntima experimentamos el lado de la hospitalidad generosa. Fuimos huéspedes de honor en casas de amistades, parientes y hasta de personas desconocidas que decidieron acogernos con alegría. Junto a estas personas vivimos la gracia de Dios como la gran familia puertorriqueña que llegamos a ser. Hubo tiempo y energía para escucharnos mutuamente, para aprender unos de las otras, para acompañarnos y bendecirnos mutuamente. El nivel de generosidad y armonía que vivimos junto a la comunidad latina de aquellos años, proveyó el cuidado y la protección que mi familia necesitó en aquella etapa de su vida. El decepcionante viaje a los Estados Unidos, la fría recepción de la que fuimos objeto y el forzado regreso, nunca borraron la gratitud sentida por el espíritu solidario que encontramos entre gente con destino igual al nuestro.

Cuando repasamos el ministerio de Jesús, descubrimos que, como viajero, Él experimenta el mismo repertorio de actitudes que unos seres humanos tenemos hacia otros. En muchos pueblos y ciudades visitadas, Jesús recibió a veces la hostilidad y el desagrado de sus habitantes. No en pocas ocasiones, el título de extranjero fue su exclusiva identidad. Su clase social y su etnicidad fueron objeto de intensas evaluaciones. Delante de los ojos de sus contemporáneos, Jesús y sus acompañantes no aportaban honor ni dignidad a la comunidad que les recibía. Sin embargo, aquellos dolores se mitigan con las veces que sí es recibido con gran generosidad. En estos caminos y hogares es recibido con alegría porque conocen de antemano sus dones y su ministerio liberador. Esta es la experiencia que relata el texto de Juan sobre la muerte de Lázaro. El evangelista dice que cuando Marta oyó que Jesús venía, salió a su encuentro para comunicarle cuán importante era su presencia en aquella casa: "Si hubieras estado aquí, mi hermano no habría muerto" (Juan 11:21).

Un ejemplo más de la expresión generosa de la hospitalidad lo encontramos en otra de las visitas que Jesús hace al hogar de Marta y María (Lucas 10:38-42). Desde los inicios del relato, "Yendo de camino, entró Jesús en un pueblo" (v. 38), queda sugerida una nota característica de la hospitalidad: el huésped es mensajero itinerante que se desplaza por caminos y aldeas. Es evidente además el rol de anfitriona que desempeñará "una mujer llamada Marta [que] lo recibió en su casa" (v. 38). Este texto guarda silencio sobre la relación que Jesús mantiene con Marta y María, pero otros relatos bíblicos parecen sugerir al menos, que Jesús no es un extraño en este hogar. Dos aspectos nos interesa estudiar de este encuentro entre Jesús y las hermanas Marta y María: el hecho de que las anfitrionas son mujeres y entre ellas comparten visiones distintas sobre la tradición de la hospitalidad; y además, el comportamiento del huésped y el rol pedagógico que desempeña durante su estadía en el hogar.

Este texto de Lucas describe el encuentro de un huésped viajero y una familia de mujeres que serán sus anfitrionas. Es un pasaje en las Escrituras que a su vez incorpora una práctica única en su tiempo pero común en el ministerio de Jesús: su encuentro con las mujeres. La importancia mayor de esta práctica es que, para las mujeres, cada encuentro resulta ser un acto de liberación. Este gesto liberador lo observamos en el diálogo que sostiene Jesús con la mujer sirofenicia (Marcos 7:25-30), en la conversación transformadora que tiene con la mujer samaritana (Juan 4: 7-26), en la sanidad restauradora que otorga a la mujer hemorroisa (Marcos 5:25-34), y en la afirmación personal y la reintegración social de la que es objeto la mujer que unge sus pies y cabeza con aceite (Lucas 7:36-50). Es evidente que Jesús no tiene reservas ni en hablar con las mujeres en público ni en aceptar invitaciones de hacer posada en sus casas. El encuentro liberador de Jesús con las mujeres es consistente con la óptica lucana que recuerda a Jesús nombrando a las mujeres como receptoras de los beneficios de Dios—"Aquí hay una hija de Abraham que Satanás tenía atada desde hace dieciocho años: ¿y no se debía desatarla precisamente en día sábado?" (Lucas 13:16); y como líderes y participantes activas de su ministerio—". . . Jesús iba recorriendo ciudades y aldeas predicando y anunciando la Buena Nueva del Reino de Dios. Lo acompañaban los Doce y también algunas mujeres . . . María, por sobrenombre Magdalena, de la que habían salido siete demonios; Juana, mujer de Cuza, administrador de Herodes; Susana, y varias otras que los atendían con sus propios recursos" (Lucas 8:1-3).

A partir de la actitud de Jesús que se vislumbra en estas diferentes situaciones, una puede concluir que Jesús se dirige con cierta naturalidad al hogar de Marta y de María dándoles la oportunidad de ser sus anfitrionas y convirtiendo la hospitalidad, una costumbre importantísima en la cultura judía, en un deber ministerial. Desde la perspectiva religiosa podemos decir que la hospitalidad es una oportunidad para reciprocar el inmerecido amor y gracia de los que son objetos las criaturas de Dios. Marta y María, las anfitrionas, pueden compartir con Jesús el afecto y la compasión que previamente han recibido de Dios. Aún más, la hospitalidad se convierte en símbolo del Reino ya que replica el banquete al que todas las personas son invitadas, del que Jesús habló repetidamente y ejemplificó en su vida.

Este texto tan conocido ha dado base a interpretaciones dualistas sobre la esfera espiritual y la doméstica que María y Marta representan, así como del valor positivo de la primera en detrimento de la segunda. Hay quienes insisten en contraponer irreconciliablemente la vida contemplativa de María frente a la praxis y el activismo de Marta. Este ensayo, sin embargo, propone leer este pasaje desde una perspectiva diferente, todo lo más importante por ser un texto tan conocido y familiar. Para poder hacer una lectura fresca, es importante reconocer que todas las personas que leemos e interpretamos la Biblia, tenemos nociones e ideas preconcebidas. El identificar estos presupuestos nos ayuda a hacer una lectura más honesta a la vez que nos desafía a buscar ópticas y lentes nuevos con que acercarnos al texto. Al interpretar esta historia bíblica desde otra óptica que la tradicional, iluminamos el texto en una forma que enriquece nuestra fe. Es por eso que no insistimos en la interpretación gastada de contraponer irreconciliablemente la supuesta vida contemplativa de María frente al activismo de Marta, ni tampoco debemos insistir en la piedad religiosa de una y la vida material y superficial de la otra. En vez, siguiendo el llamado de Jesús a examinar críticamente las tradiciones que heredamos y los convencionalismos que apoyamos, "se dijo a sus antepasados . . . Pero yo les digo" (Mateo 5:21, 38, 43), en este artículo buscamos iluminar un tema central del texto que rara vez se trata, a saber, la hospitalidad y la relación entre sus elementos esenciales: el papel del anfitrión y el papel del huésped.

## Hospitalidad

En esta historia la hospitalidad se nos presenta como una oportunidad para intercambiar dones como la paz y la esperanza, y responsabilidades y deberes tales como la acogida y el cuidado. Esta manera de ver la hospitalidad va más allá de la forma como se entendía en la cultura y el tiempo de Jesús. Aunque la hospitalidad era una costumbre sumamente importante que se respetaba más que muchas leyes escritas, se practicaba más por miedo y protección que por generosidad. Los desconocidos que llegaban a un pueblo podían ser hostiles. Al traerlos a la casa y darles de comer se neutralizaba cualquier animosidad que abrigaran. Como casi no existía ningún alojamiento público, el viajero dependía de que se le diera albergue en una casa privada. El anfitrión, por su parte, nunca sabía cuando iba a necesitar albergue al viajar y lo ofrecía con la esperanza de encontrar reciprocidad cuándo lo necesitara. La hospitalidad en una sociedad que todavía recordaba la vida errante en el desierto era, en tiempos de Jesús, una expresión de rectitud moral tan importante como el darle limosnas a los necesitados.

Más tarde, en la comunidad cristiana—sin duda, en la comunidad del autor de este texto—los primeros misioneros cristianos también dependían de la hospitalidad para albergue y sustento. Los cristianos primitivos al viajar dependían de otros cristianos para protección, pero también la hospitalidad de éstos les permitía compartir comunidad y oración. Sin dudas, el evangelio retuvo un sentido de "voz viva" gracias a la transmisión oral, y la hospitalidad hizo posible la labor de los ministros itinerantes. Pudiese ser que este texto de la visita de Jesús a Marta y María haya surgido precisamente para indicar la conducta apropiada de los cristianos en cuanto a la hospitalidad.

## Las anfitrionas

En la historia de Marta y María, el ideal de prodigar al huésped una recepción cálida y generosa, se ve opacada momentaneamente por los roles diferentes que asumen las anfitrionas y la discusión en torno a ellos. Mientras que María responde al visitante demostrando un interés especial por escuchar sus enseñanzas, Marta recibe al invitado preparando la mesa. Ambas acciones se dan en el marco de la tradición de la hospitalidad; una no está reñida con la otra. María se dispone a escuchar con atención a Jesús quien viene a compartir con ella y con su hermana. La manera en que el relato describe la postura que asume María frente a Jesús, sentada a sus pies, es la que se usa para hablar de la actitud de una discípula frente a su maestro. María honra al huésped reconociendo el rol de Jesús como maestro, interesándose en escuchar las enseñanzas del Rabino. Jesús reconoce el derecho de María a ser su discípula y los dos se enfrascan en el deleite de la conversación.

Por su parte, Marta acoge al huésped desde la práctica del servicio de la mesa. Ella ha reconocido en Él las marcas del cansancio y el abatimiento y opta por llenar sus necesidades más apremiantes. El discipulado de Marta en esta historia hace resaltar la otra actividad que caracterizó la vida de Jesús además de la de enseñar: la de la mesa abierta, de la cual ninguna persona es excluída. Al preparar los alimentos, al compartir la mesa con Jesús y su hermana María, Marta se hace eco de las muchas veces que Jesús se sentó a la mesa con otros, por ejemplo, la cena durante la cual la mujer sin nombre le lava los pies con sus lágrimas y lo unge con perfume. Al darle de comer a Jesús, Marta hace como hizo Él al darle de comer a la multitud hambrienta que lo seguía. Al preparar esta cena para Jesús, hace uso de elementos de la cotidianidad como son el alimento y la bebida, y se adhiere a los signos del banquete y la fiesta mayor que Dios mismo prepara para la gente sedienta, pobre y cansada. La cena que ella prepara sigue la trayectoria de las diferentes cenas que los evangelios presentan como señal y ejemplo del Reino. En esta cena que Marta prepara y comparte, hay ecos de la cena a la cual hay que traer invitados substitutos; y sin duda hay ecos de esa Última Cena en la cual Jesús compartió hasta el fin— se compartió a sí mismo.

Marta y María son buenas anfitrionas porque acogen y ofrecen haciendo que el huésped se sienta como en su propia casa. Y son buenas anfitrionas porque saben que si para ellas es bueno y gratificante el dar, también lo es para el huésped y, por lo tanto, también están dispuestas a recibir.

## Jesús como huésped

Como huésped en casa de Marta y María, Jesús es el mismo de siempre y, por lo tanto, sabemos que no ha llegado para ser servido. Él ha venido a compartir su palabra, a anunciar el Reino con sus dones, su gracia, su luz y su poder liberador. Él ha venido a hablarles del *shalom* de Dios, de los proyectos que resisten la tentación de dominar a los demás, de silenciar a las personas, de despojarlas de sus derechos, de embrutecerlas y maltratarlas. Él ha venido porque necesita que estas mujeres lo acojan y le ministren, pero también ha venido a hacerlas partícipes a ellas de sus enseñanzas y lecciones liberadoras; a compartir con ellas la mejor parte, la que nadie les podrá quitar. Marta y María, que han vivido más en la periferia de la sociedad que en el centro son, en esta ocasión objeto exclusivo de la atención del maestro convertido en huésped. Con ellas se comporta como lo ha hecho siempre en su trabajo ministerial por las calles y ciudades de Israel: Jesús viene a dar y no a ser objeto exclusivo de atenciones.

Al compartir con Marta y María, podemos decir que Jesús entra con ellas en un proceso reflexivo-educativo. El compartir la palabra que este texto relata nos da pie para reclamar que el conocimiento y el estudio agradan a Dios: Dios los bendice. Este evangelio indica que no hay cabida en las iglesias para pensar que los procesos educativos están reñidos con la espiritualidad. En la escena que vemos en este pasaje bíblico, el aprender no se presenta como un acto opuesto al espíritu. Aquí es evidente que el maestro se interesa en que la gente conozca por qué la verdad les hace libres. A partir de lo que aprendemos de este texto bíblico insistimos en que nadie debe quitarnos la oportunidad de pensar, de aprender a presentar argumentos válidos acerca de nuestras vidas y de la esperanza que necesitamos para el quehacer cotidiano. Nadie tiene el derecho a negarle a otra la "mejor parte", la parte que nos enseña a ser mejores personas, la que alimenta nuestra creatividad, la que imagina proyectos de vida, la que anuncia el amor. Jesús como huésped nos enseña a apreciar el estudio, a romper el silencio de la ignorancia y a expresar creencias, entendimientos y opiniones nuevas.

## Conclusión

Mirar con ojos frescos este texto tan familiar nos ha revelado nuevas formas de conocer, nuevas posibles interpretaciones de un evento en la vida de Jesús, otro acercamiento a "esa" verdad que nos hará libres. La visita de Jesús a casa de sus amigas nos hace conscientes de que debemos aprender a practicar la hospitalidad en su expresión más generosa, y que, ya sea como anfitrionas a como huéspedes, la hospitalidad es una forma de ministerio. El ministerio de la hospitalidad requiere que como anfitrionas le demos la bienvenida a todos los que vienen sin maldad en sus corazones. Como anfitrionas estamos llamadas a dar albergue y sustento pero también estamos llamadas a escuchar y a compartir la Buena Nueva. Como huéspedes, lo que tenemos que comprender es que la hospitalidad es un proceso y nuestro rol es el de compartir quienes somos y lo que pensamos, lo que creemos y lo que esperamos. Toda visita entre cristianos debe dejar tanto a las anfitrionas como a los huéspedes sintiendo que han escogido "la mejor parte". Después de compartir el sustento material que da la comida, el sustento emocional de la amistad y el sustento espiritual de la palabra y la oración, Jesús, Marta y María volvieron a sus quehaceres rutinarios con nuevo vigor, con entusiasmo, con esperanza al saber que no estaban solos y con el firme convencimiento de que el trabajo de cada cual era parte importante de la labor del reino de Dios. ¿No será ésta una manera más plena de repensar nuestras visitas pastorales y la tradición de la hospitalidad?

**7**

# Ministerios
# y comunidades cristianas

*Timoteo Matovina*

"... *se puso a llorar junto a sus pies, los secó con sus cabellos, se los cubrió de besos y se los ungió con el perfume"
(Lucas 7:38).*

Cuentan de una pareja anglo-americana que traía flores
para la tumba de sus seres queridos. Se fijaron en que
unas personas hispanas que también estaban en el cemente-
rio colocaron comida, en vez de flores, sobre las tumbas.
Sorprendida, por no decir divertida, la pareja se acercó a las
personas hispanas y les preguntó: "¿Cuándo esperan ustedes
que sus difuntos se coman esa comida?" Imperturbable, sin
levantar la vista siquiera, uno de los hispanos contestó:
"Pues más o menos cuando los de ustedes salgan a oler las
flores".

El relato de la mujer que lavó los pies de Jesús en la casa
de Simón el Fariseo (Lucas 7:36-50) tiene algunos puntos
de tangencia con esta historia. Al igual que la pareja anglo-
americana, Simón se sorprendió con el ritual que presenció,
en este caso el rito del lavatorio de los pies. Como la pareja, también Simón respondió con condescendencia a la
expresión de fe que presenció, al preguntarse por qué Jesús
no rechazaba a esta pecadora públicamente conocida y su

ritual tan sensual. Simón recibió una respuesta inesperada que dejó al descubierto su insensibilidad ante las prácticas religiosas de otras personas, como la recibió también la pareja anglo-americana en su encuentro con las personas hispanas.

Para Simón, lo inesperado fue que Jesús criticara su falta de hospitalidad y diera por bueno el ritual del lavatorio de los pies efectuado por la mujer. Pero Jesús fue aún más allá al afirmar que el ritual de la mujer reflejaba un gran amor, y que, precisamente por ese gran amor, sus pecados le eran perdonados. En efecto, Jesús comparó las prácticas religiosas de Simón y de la mujer y encontró que ella era más auténtica como ministra de la hospitalidad, como creyente y como líder de la comunidad de fe que él. La respuesta de Jesús a Simón y a la mujer nos provee un paradigma útil para reflexionar sobre los ministerios y el servicio en las iglesias.

## El ejemplo de Jesús

La interacción de Jesús con Simón y con la mujer que lavó sus pies apunta hacia lo que es la auténtica devoción y hacia quiénes son auténticos líderes comunitarios. Simón y sus amigos se habían reunido para partir el pan con Jesús pero Simón ni siquiera hizo un gesto de bienvenida cuando Jesús entró a la casa. La mujer, por otro lado, celebró un rito que reflejaba un profundo sentido de adoración. En la cultura judía, como en otras culturas pre-cristianas, el lavar los pies era señal de hospitalidad. Pero el significado de este lavatorio de la mujer, con el perfume y las lágrimas, el pelo y los besos, fue más profundo que un mero gesto de hospitalidad. Jesús lo comprendió así, y afirmó el ritual de la mujer justamente por el inmenso amor y por el sentido de arrepentimiento que significó, y criticó el acto de compartir la mesa de Simón por ser un acto desprovisto de hospitalidad. De ese modo Jesús nos enseña que la verdadera adoración no se limita solamente a aquello que está oficialmente sancionado, sino que incluye cualquier oración o ritual que exprese amor a Dios, demuestre un deseo radical de estar íntimamente relacionado con Jesús y refleje una verdadera conversión de corazón. Además, el verdadero liderazgo comunitario no es exclusivamente aquél que se identifica con las autoridades oficiales sino que está abierto a toda persona que tenga en su corazón el deseo de expresar un urgente anhelo de Dios y la fe de un pueblo.

El juicio que sobre la mujer pasa Simón contrasta fuertemente con la disponibilidad de Jesús para aprender de esa mujer quien crea un ritual nuevo. De hecho, Jesús quedó tan impresionado con su ritual ¡que repitió un rito análogo en la Última Cena! Esta disponibilidad para escuchar y aprender de la mujer es una expresión de la voluntad de servir que marcó el ministerio de Jesús. El Maestro no tuvo temor de utilizar el rito de una mujer a quien todo el mundo consideraba una pecadora, ni de aprender precisamente de esa mujer que para sus contemporáneos valía tan poco que los autores de las Escrituras ni siquiera consideraron que su nombre fuera digno de ser recordado. Jesús, sin embargo, no repitió el ritual meramente, sino que le añadió nuevas interpretaciones al acto litúrgico de la mujer. En la Última Cena, el ritual del lavado de los pies fue une profecía simbólica de la inminente muerte salvífica de Jesús y una invitación a que sus seguidores y seguidoras imitaran su ejemplo y se sirvieran unos a otras. Jesús aprendió del ritual del lavatorio de los pies efectuado por la mujer, examinó sus posibilidades y posibles significados y entonces lo incorporó a su propia celebración de la Pascua judía. Al hacerlo, enriqueció la Pascua que celebró junto a sus discípulos. También trajo a la luz otros significados del ritual del lavatorio al vincularlo con el inminente evento pascual y con el llamado al servicio que hizo a su comunidad de discípulos y discípulas.

Al terminar de predicarle a Simón y a sus compañeros acerca de la experiencia del acto litúrgico de la mujer, Jesús se volvió hacia ella y le dijo: "Tu fe te ha salvado; vete en paz." (v. 50). ¡Qué triste final para este encuentro! ¿Por qué el Señor no habrá invitado a la mujer a sentarse a la mesa con los demás? ¿Sería que, después de todo, Simón no fue transformado por este encuentro y por eso no pudo abrir para ella un espacio en la mesa junto a sus compañeros? ¿Fue por eso que Jesús no la invitó a la mesa? No podemos responder a estas preguntas a base de los textos que tenemos a mano, pero sí queda claro que la mujer que fue reconocida por Jesús como una auténtica creyente, no compartió el pan con Él ni con los demás.

## Ministerios en las iglesias

Estas reflexiones en torno al servicio y al ministerio de Jesús y en torno a la mujer que le lavó los pies, tienen implicaciones para el ministerio hoy día. Nos proponen un proceso de tres pasos muy útil para nuestro trabajo ministerial: ver, dialogar, invitar. Como en este pasaje la mujer, a través de un ritual, convierte su propio cuerpo en oración, en lo que sigue presento ejemplos tomados del ministerio litúrgico. También mostraré que el proceso de ver, dialogar, invitar puede dirigir, realzar y enriquecer muchos otros ministerios que, como comunidades de fe, estamos llamados a realizar.

*Ver.* El primer paso es ver: es decir, el que los agentes pastorales identifiquemos y reconozcamos los líderes naturales y las tradiciones existentes en las comunidades a las cuales servimos. Es importante recordar queno traemos la fe a las comunidades sino que nos incorporamos a comunidades que tienen ya sus propios líderes y sus propios modos de expresar y vivir su fe. De entrada, una buena pregunta para un ministro de la pastoral que llega por primera vez a una parroquia o comunidad de fe sería: ¿Quiénes son los líderes de la vida diaria y de las prácticas religiosas de estas personas? Esos líderes no son necesariamente el clero, los y las catequistas, las personas encargadas de coordinar la liturgia o los demás ministerios oficiales. Con frecuencia, las personas que realmente son reconocidas como "pastores" y "pastoras" en una comunidad, no ostentan los títulos oficiales. Muchas veces las comunidades hispanas dependen de las abuelitas o de los ancianos para consuelo, oración y animación comunitaria. El Padre Virgilio Elizondo afirma que para las comunidades hispanas, la abuelita ha servido de "sacerdotisa de la iglesia casera" ya que "cuando no ha habido sacerdotes para ministrarnos, nuestras abuelas han estado cerca para bendecirnos, para rezar por nosotros y nosotras y para ofrecer la 'velita' como sacrificio de los pobres". Un ejemplo de esto es una mujer llamada doña Licha, a quien conocí en una parroquia y aunque no era una de las personas más prominentes de las organizaciones parroquiales, dirigía anualmente la novena de las posadas, animando a su familia y sus vecinos a celebrar el peregrinaje de María y José a Belén. Estas celebraciones se convertían en el punto central de su vecindario durante los días que precedían a la Navidad.

Como nos enseñó Jesús al reconocer el liderazgo de la mujer que le lavó los pies, el primer paso en el ministerio pastoral es identificar a la gente que como doña Licha, que son los líderes naturales de la vida y la devoción de su comunidad de fe. Con demasiada frecuencia, en las iglesias empezamos el proceso de reclutar nuevos líderes pidiendo voluntarios o preparando un taller de adiestramiento para un ministerio particular. Al hacer esto se omite el primer paso esencial del ejemplo de Jesús, identificar, reconocer, ver aquellas personas que tienen el carisma del liderato y que ya tienen una fuerte conexión y el respaldo de la comunidad local. No importa cuán bueno sea un programa de adiestramiento, si no hacemos un llamado a quienes Dios les ha dado el carisma del liderato, nuestros ministerios no serán nunca tan efectivos como podrían ser. Una queja frecuente entre líderes de las parroquias es que "siempre somos los mismos". Si de verdad queremos expandir el círculo de líderes en nuestra comunidad de fe, debemos primero discernir quiénes son los líderes naturales de esa comunidad. Este primer paso de reconocer dichos líderes es tan esencial que debería figurar como tema frecuente de discusión de las reuniones del consejo parroquial, de los grupos de acción comunitaria, de los comités pastorales, de las sociedades y asociaciones, de los grupos de oración, de los grupos de jóvenes, y otras organizaciones parroquiales.

*Dialogar.* El próximo paso es dialogar con los y las líderes naturales a quienes hemos identificado para entender sus ricas tradiciones religiosas y vidas de fe. Como dice el Catecismo de la Iglesia Católica, "La Iglesia es católica: puede integrar en su unidad, purificándolas, todas las verdaderas riquezas de la cultura" (No.1202). Dicho diálogo es un elemento esencial de la pastoral de conjunto en la que han insistido repetidamente los obispos católicos de los Estados Unidos. El mejor sitio para iniciar este diálogo es en los hogares de los líderes naturales de la comunidad. Los anuncios hechos desde el púlpito o publicados en los boletines de las iglesias no son suficientes. La sabiduría y el carisma de los y las líderes de la comunidad local son lo suficientemente importantes como para que los agentes pastorales consideren que el localizarlos es una de sus funciones ministeriales prioritarias. Al igual que Jesús, tenemos que estar presentes entre nuestro pueblo para, en el pueblo, poder encontrar a personas como aquella mujer que le lavó los pies al Maestro.

Dos extremos deben evitarse en el diálogo con el liderato locales. Uno es el clericalismo o profesionalismo, es decir, el usar el poder del cargo o el adiestramiento profesional para dominar a los demás. El tener un título o alguna certificación pastoral no quiere decir que lo sabemos todo y que todos nos tienen que obedecer. Por lo tanto, el diálogo con los líderes naturales empieza por aprender de ellos y de sus tradiciones, como lo hizo Jesús de la mujer que le lavó los pies. El escuchar al liderato naturales puede enriquecer la vida y la devoción de la comunidad de la misma manera que el rito del lavatorio de los pies enriqueció la celebración pascual de Jesús. Por ejemplo, en las comunidades donde se practica la tradición de Las Posadas, el cuarto domingo de Adviento provee una buena oportunidad para incorporar una celebración modificada de esa tradición en la Eucaristía. Al incluir a aquellas personas que dirigen Las Posadas en las casas o en el vecindario en la celebración de la Eucaristía del cuarto domingo de Adviento, Las Posadas y la Eucaristía pueden enriquecerse mutuamente. Los que participan de Las Posadas pueden ofrecerle a la comunidad la dramática proclamación de la hospitalidad ofrecida a los peregrinos María y José y pueden llamar a los presentes a abrir una posada en sus corazones para que Cristo pueda nacer allí de nuevo. Las personas encargadas del ministerio eucarístico pueden recordarle a la asamblea en esta celebración dominical que, como a los santos peregrinos, estamos llamados a brindarle posada a Cristo dentro de nosotros mismos y también en nuestro mundo. Hoy día podemos ofrecerle posada a Cristo que vive en nuestros hermanos y nuestras hermanas emigrantes o en los que no tienen hogar. También le ofrecemos posada a Cristo en nuestras vidas cuando lo recibimos en la Eucaristía, cuando nos abrimos a recibir la comunión y la palabra de Dios en nuestros corazones. Así como Jesús enriqueció tanto la Pascua como el ritual del lavatorio de los pies efectuado por la mujer al unirlos en una misma celebración, así la celebración de la Eucaristía, los ministerios con inmigrantes y personas sin hogar y la tradición de Las Posadas, pueden enriquecerse una a la otra a la vez que enriquecen a las comunidades de fe que las celebran.

El otro extremo que debe evitarse en el diálogo con líderes locales es el pensar que, como agentes pastorales, tenemos poco o nada que ofrecer a las personas que encontramos en nuestros ministerios. Seremos de poca ayuda si rehusamos aprender de la vida de la comunidad local, pero tampoco ayudaremos demasiado si meramente afirmamos todo lo que encontramos en la fe y en las prácticas religiosas de los demás.

Hace algunos años, estuve en una boda que incluía la tradición de las arras. Una invocación que frecuentemente acompaña esta tradición dice:

Esposo: "Recibe estas arras: son prenda del cuidado que tendré de que no falte lo necesario en nuestro hogar".

Esposa: "Las recibo en señal del cuidado que tendré de que todo se aproveche en nuestro hogar".

Esta pareja quería celebrar la tradición de las arras, pero quería hacer énfasis en la mutualidad del matrimonio cristiano y en el llamado que, como matrimonio, tenían al ministerio y al servicio. Por lo tanto, decidieron sustituir la invocación tradicional por una escrita por ellos mismos:

Esposo: "Recibe estas arras en señal del esfuerzo que haremos los dos para vivir una vida sencilla en imitación de Cristo y el evangelio".

Esposa: "Las recibo en señal del cuidado que tendremos tú y yo de compartir nuestros bienes con los más pobres que encontremos en nuestro camino".

El examen crítico de esta tradición y la renovada celebración del ritual de las arras traen a la memoria cómo Jesús aprendió del rito del lavatorio de los pies celebrado por la mujer, pero también le dió un significado más profundo en su propio acto litúrgico. De la misma manera, los agentes pastorales están llamados a ofrecer sus propias reflexiones sobre la vida religiosa y las tradiciones de la gente, basando esas reflexiones en el conocimiento de las Escrituras, en la tradición litúrgica de las iglesias y en su propia experiencia de fe. El liderato y la gente deben apoyarse mutuamente de modo que puedan apreciar, conocer y vivir una vida de fe más plena.

*Invitar*. Ver y dialogar nos conducen a un tercer paso en el proceso de los ministerios litúrgicos y pastorales: invitar a nuestra gente a enriquecer la vida de la comunidad y a ser enriquecida a su vez a través de una mayor participación en la vida y en los actos litúrgicos o de adoración de la parroquia o de la comunidad de fe. Por ejemplo, el diálogo con los líderes locales sobre lo que son las prácticas ritualistas no debe llevar a los agentes pastorales a olvidar la centralidad de la Eucaristía en la vida cristiana. Las palabras, "Tu fe te ha salvado; vete en paz", deben servir como una invitación para que la gente se acerque a la mesa del Señor, no para que abandonen la mesa. ¿Cuántas personas no tenemos en nuestras comunidades que, como la mujer del evangelio, tienen una íntima relación con Cristo, pero sienten que no son bienvenidas a sentarse en la mesa del Señor? ¿Cuánta gente hay que expresa un enorme amor por Cristo en sus devociones cotidianas, pero no reciben a Cristo en la Eucaristía? Algunos, naturalmente, están impedidos de hacerlo por las leyes de las iglesias. Otras, se mantienen alejadas como forma de protesta; otras personas se sienten indignas, no se sienten merecedoras de recibirlo y otras sencillamente no valoran el sacramento. Cualquiera que sea la razón, el resultado es trágico para quienes creemos que el pan que partimos es el pan de vida. La mujer que lavó los pies de Jesús tuvo que abandonar el lugar donde Él estaba a punto de sentarse a la mesa; nuestra misión es luchar para que todos los hijos y todas las hijas de Dios puedan sentirse en casa al momento de partir el pan. Nuestro ministerio tiene como fin abrir las puertas de la iglesia y vivir nuestra comunión con todo el mundo.

Invitar significa no sólo darle la bienvenida a los demás a que participen más plenamente en la Eucaristía y en la vida sacramental en las iglesias, sino el llamar a que vengan a servir en su parroquia o en su comunidad de fe. Una buena manera de evaluar nuestra actividad o nuestro trabajo ministerial es preguntándonos: "¿Cómo contribuirá esta actividad a que pueda surgir un liderazgo más efectivo en esta comunidad?" Por ejemplo, programas de alcance social y comunitario, de ministerios para la juventud, de visita a las cárceles o de catequesis para el bautismo, serían considerados más efectivos si además de proveer un servicio o una catequesis adecuada, también lograran identificar, atraer y adiestrar nuevos líderes para asistir, mejorar y expandir dichos ministerios. El reflexionar sobre cuán efectivamente hemos invitado y atraído a nuevos líderes, es un excelente ejercicio para el consejo parroquial, para los grupos ministeriales, para las organizaciones parroquiales.

Los ministerios de nuestras iglesias están en nuestras manos. Estamos llamados y llamadas a ser una comunidad que, en palabras de Jesús, sea una "comunidad de servidores": una comunidad que reconozca a los líderes naturales que Dios nos ha dado, una comunidad que dialogue con esas líderes, una comunidad que invite a esos líderes y también al resto de la gente, a servir en la comunidad de fe. ¡Que nuestra visión sea recibir y llamarnos y atraernos unos a otras así como Jesús recibió y "comisionó" a la mujer santa del evangelio! ¡Que trabajemos siempre para lograr el sueño de estar reunidos en una gran mesa, viendo a Cristo en cada uno, en cada una de nosotras, en la palabra y en el pan y el vino que nos nutre y nos da vida!

# 8

# Ministerio y cultura

Cecilia González-Andrieu y Jean-Paul Andrieu

*"Verdaderamente reconozco que Dios no hace diferencia entre las personas, sino que acepta a todo el que lo honra y obra justamente, sea cual sea su raza"* (Hechos 10:34-35).

## ¿Qué es cultura?

Pregunta a diez personas qué cosa es "cultura" y recibirás diez respuestas diferentes. Lo complejo del concepto de cultura se hace visible en esa diferencia de opiniones, y no llegaremos a un acuerdo rápidamente por tres razones. La primera es que la palabra cultura tiene distintos significados para cada persona sencillamente porque "cada persona es un mundo". El segundo obstáculo es que nuestra "cultura" ya ha condicionado de antemano cómo comprendemos el propio concepto de cultura y nuestra relación con ésta; y el tercer reto es que la cultura misma es una realidad dinámica, realidad que cambia día a día. Contrario a nuestros antepasados que creían conocer el mundo entero y todos sus habitantes, y se sorprendían cuando "descubrían" un nuevo pueblo, nosotros sabemos que la tierra no es el centro del universo, y que nuestros países tampoco lo son. Hoy estamos conscientes de que el mundo está compuesto de una variedad tan sorprendente de pueblos y culturas que ofrecer una definición de cultura parece ser imposible precisamente por esta evidente característica que es la diversidad. Tomemos entonces cada uno de estos retos y veamos qué nos aportan.

## La persona

Como indicamos, lo primero que define nuestra cultura es nuestra "individualidad", esa persona única que soy y el modo como "yo" proceso por medio de mis sentidos, mi intelecto y mi historia, todas mis experiencias. En algunas culturas, especialmente las culturas indígenas, el individuo no es algo que se valorice, dándosele por lo tanto mucho más valor a la comunidad; por el contrario, en las culturas occidentales más industrializadas, el individuo tiene la prioridad perdiéndose así muchas veces todo sentido comunitario. Las Sagradas Escrituras nos llaman a buscar un punto medio entre estos dos extremos, y resaltan un tema clave para el trabajo que nos ocupa, es decir: no podemos conocer a Dios fuera de la experiencia, y la experiencia siempre está mediatizada por nuestra cultura.

En las Escrituras Hebreas, en la sección de la Biblia que describe, desde la perspectiva de la fe, nuestros orígenes como criaturas y como pueblos, el tema del "ser" y la importancia de nuestra identidad resalta una y otra vez. Leemos en el Salmo 22:10-11: "Me has sacado del vientre de mi madre, me has confiado a sus senos maternales. Me entregaron a ti, apenas nacido, tú eres mi Dios desde el seno materno". Y de nuevo en el Salmo 139:13-15: "Pues tú, Señor, formaste mis entrañas,—me tejiste en el seno de mi madre. Te doy gracias por tantas maravillas—que tú has ejecutado;—en efecto, admirables son tus obras—y mi alma bien lo sabe. Mis huesos no escapaban a tu vista—cuando yo era formado en el secreto,—o cuando era bordado—en las profundidades de la tierra".

Los dos salmos citados destacan que cada ser humano es único y como único es conocido por Dios, "tejido en el vientre" por un Dios que nos ama y que nos ha hecho una "maravilla". Lejos de permitir que nuestra "individualidad" se vuelva un punto de discordia y separación en nuestras comunidades, y que nuestro punto de vista "individual" sea algo incomprensible para nuestros semejantes, esta imagen bíblica presenta nuestra individualidad como el primer regalo que Dios nos da. Por ser obra prodigiosa de sus manos, Dios nos llama a utilizar, para el bien de todos, todo aquello que tejió en nuestras entrañas.

En una de las citas más hermosas y conocidas del profeta Isaías, este poeta del Antiguo Testamento nos recuerda: "Escúchenme, islas, pongan atención, pueblos lejanos. Yavé me llamó desde el vientre de mi madre, desde las entrañas maternas pronunció mi nombre" (49:1). Aunque es posible que yo no escuche el llamado de Dios dentro de mí, que sea renuente a aquellos dones que Dios puso en mi corazón, Dios buscará una forma de llegar a mí. Dios puede valerse del llamado de mi pueblo, de la voz elocuente y a veces desesperada de otros seres, de un evento en mi vida que rompa mi corazón de piedra y lo vuelva un corazón de carne. Y cuando ese momento llegue, cuando el llamado llegue a mí, estaré consciente de que Dios ya me ha dado todo lo necesario para llevar a cabo el ministerio al que me llama. Es en este sentido que mi ministerio comienza desde el vientre de mi madre, porque desde allí, ya Dios me había creado dándome todo lo necesario para llevar a cabo la labor para la que me necesita.

Entonces, ser "yo" es algo de lo que tengo que estar consciente en todo momento, primero porque mi persona y la tarea que Dios me ha dado es un regalo que yo aporto al mundo y esto trae consigo la responsabilidad de no evadir esa llamada singular de Dios hacia mí. También tengo que recordar que mi punto de vista, mi manera de ver las cosas, mi "cultura" en el nivel más básico desde el "yo", es también "única" y aferrarme a ese punto de vista y excluir a otros puede separarme, en vez de unirme a los demás. En términos del ministerio, el reconocer la multiplicidad de puntos de vista nos ayuda a acercarnos a los demás con humildad y apertura, pues así comprendemos que ellas y ellos también son seres singulares, mundos, que al igual que yo, poseen sólo "una parte" de la verdad, porque como bien dice la sabiduría popular "nadie tiene toda la verdad".

## El "otro"

Continuando con nuestro esquema, enfrentamos el segundo reto que se impone justamente cuando tratamos de comprender el concepto mismo de "cultura": el que nuestra "cultura" como fenómeno social ya ha estipulado de antemano cómo comprendemos dicho concepto. Por ejemplo, para nuestra amiga que es una escritora y cuentista indígena, cultura quiere decir todo lo que la rodea y la une a sus semejantes, su modo de vestir, sus creencias más profundas, la música que le gusta cantar, las poesías que escribe, las comidas que cocían sus antepasados y que ella les enseña a preparar a sus hijos. Al mismo tiempo, para nuestro amigo de ascendencia inglesa, cultura quiere decir la capacidad de comprender la trama de una ópera o de discutir una novela clásica o una pintura del Renacimiento.

Aquí son evidentes dos acepciones totalmente distintas de "cultura": en el caso de nuestra amiga, la cultura es algo que la une a su historia y a su comunidad y que la define como ser humano al darle un cimiento en común con el "otro". Pero en cambio, en el caso de nuestro amigo inglés, la cultura es algo que se adquiere por medio de educación formal, que define su clase social y que, desafortunadamente, demasiadas veces, se utiliza para separar a la persona "culta" de la persona "común y corriente." En este esquema, la cultura mide con una escala artificial el valor de la persona y no trae consigo el regalo de la hermandad. Fue la propia "cultura" de estas dos personas la que formó este punto de vista en ellos y ellos son reflejos de esa cultura. ¿Podrían ellos dos y los "otros" que ellos representan llegar a un punto en común? Sólo si hay flexibilidad, sólo si se busca un acuerdo mutuo y sólo si hay algo más importante que las desemejanzas para unirlos. Este fue uno de los retos más desconcertantes para la iglesia primitiva. Para aquella primera generación de cristianos, la forma en que el evangelio, el culto y la salvación eran presentados e interpretados comenzó a mostrar diferencias y divisiones. Pronto se hizo evidente que cada persona y después cada iglesia local, estaba acercándose a la Buena Nueva primero desde su experiencia personal y segundo, desde el punto de vista de su cultura y esta cultura ya prejuzgaba de cierto modo lo que se estaba comunicando. Dos culturas radicalmente distintas y en muchas cosas hasta opuestas, formaban la tierra donde la palabra de Dios daría fruto o moriría entre las piedras: la cultura grecoromana y la cultura judía. Ambas culturas ponían al culto religioso en el mismo centro de la vida nacional. Para los antiguos, la religión no era un fenómeno ni personal ni privado, sino la base sobre la cual todas las relaciones familiares y cívicas se formaban. Al igual que muchos de nosotros, los romanos y los judíos basaban toda su identidad en la diferencia entre ser romano o judío; no reconocían ningún punto en común, nada para unirlos.

El apóstol Pablo vió este obstáculo muy claramente y nos exhorta con gran elocuencia a enfrentarnos cara a cara con esta tendencia que tenemos de separarnos los unos de los otros: "Todos ustedes son hijos de Dios por la fe en Cristo Jesús. Todos ustedes fueron bautizados en Cristo y se revistieron de Cristo. Ya no hay diferencia entre quien es judío y quien griego, entre quien es esclavo y quien hombre libre; no se hace diferencia entre hombre y mujer. Pues todos ustedes son uno solo en Cristo Jesús" (Gálatas 3:26-28). Si como Pablo estamos conscientes de que el ser cristiano nos "reviste" de una igualdad radical frente a Dios, entonces necesitamos también estar radicalmente despiertos a todas las diferencias culturales que presenten obstáculos a esta hermandad de hijas e hijos de Dios. Tenemos una razón primordial que nos trae a la unidad, la de continuar la obra de Jesús.

El reto entonces es el de situarnos muy claramente, primero en nuestra individualidad como don y fuente de humildad, y segundo, en aquellas limitaciones que traemos ya desde nuestra cultura que nos hacen prejuzgar al otro y que tenemos que sobrepasar. Estamos predispuestos a vernos como "hombre" o "mujer", "griego" o "judío", pero en nuestro ministerio, Pablo nos llama a comprender que al ser "cristianos" podemos encontrar la razón para la unidad dentro de las diferencias.

## La iglesia de Jesús

Ahora llegamos al tercer reto que mencionamos, la sorprendente variedad de culturas que encontramos en el mundo, y que parecen de por sí negar la posibilidad de llegar a una definición íntegra de "cultura" o de llevar a cabo la tarea de evangelización. Hoy en día se estima que en el mundo se hablan 6,700 idiomas, y podemos dar por seguro que esta cifra nos da una buena idea del sin número de culturas diferentes que nos rodean. ¿Cuál es el efecto que tiene esta diversidad en la tarea de la iglesia y en sus miembros que están ejerciendo ministerios en nombre de Cristo?

Busquemos la respuesta en los Hechos de los Apóstoles, capítulo 10, capítulo dramático, lleno de diálogo y acción; el tipo de relato que no olvidamos. Todo comienza cuando Cornelio, un importante militar romano que lleva tiempo de creyente en el Dios de los judíos, tiene una visión. Se le presenta un ángel, quien le instruye que mande a buscar a un hombre llamado Pedro y le da todos los detalles para encontrarlo. Mientras tanto, como en una buena película de suspenso, Pedro, que está predicando en un pueblo cercano, también tiene una visión y esa visión será la clave que lo unirá a Cornelio al final del relato.

La visión de Pedro es simbólica y requiere su participación, su apertura y su entendimiento para comprenderla. Pedro ve algo como una sábana que baja del cielo llena de todo tipo de animales, pero lo más sorprendente es que una voz le dice a Pedro que coma de estos animales. Pedro responde, como es de esperar para un judío, que él nunca ha tocado nada "impuro", refiriéndose a la ley transmitida por Moisés (Levítico 11:1-47) que nombra de forma detallada cuales animales servirán de alimento al pueblo judío y cuales les serán prohibidos y llamados impuros. Entonces se nos da la clave de este pasaje, "Lo que Dios ha purificado, tú no lo llames impuro" (10:15). En otras palabras, toda la creación, viniendo de las manos de Dios, es pura y digna, y no sólo esto, sino que hay partes de la ley judía que tienen que ser re-interpretadas a la luz de la Buena Nueva de Jesús.

Pedro no tiene mucho tiempo para meditar acerca de esta visión, pues tocan a la puerta los mensajeros de Cornelio y le piden que los acompañe. Al llegar, Pedro se encuentra con un problema serio para un judío: primero, le invitan a pasar a la casa de un extranjero, y segundo, ¡la casa está llena de más extranjeros que quieren conversar con él! Ambas cosas le están prohibidas por la ley judía (Hechos 10:28). ¿Qué hacer? Pedro comprende entonces su visión y que Dios lo ha mandado a estas personas porque "no hay que llamar profano a ningún hombre ni considerarlo impuro". Al entrar al recinto, Pedro se ha arriesgado, en nombre de Dios, a buscar algo en común con estas personas, algo que los unirá.

Pero los problemas de Pedro recién están comenzando. Estos extranjeros quieren oír la Buena Nueva y al oír la proclamación del *kerygma* que les trae Pedro, se llenan del Espíritu Santo y piden ser bautizados. Podemos imaginarnos la consternación de Pedro, pues él sabía las muchas críticas que se alzarían contra él cuando se supiera que había bautizado a extranjeros, pero aun así lo hizo. Después, ante la censura de sus hermanos judíos-cristianos, de nuevo contó su visión y su interpretación de la misma: "'Si ellos creían en el Señor Jesucristo y Dios les comunicaba lo mismo que a nosotros, ¿quién era yo para oponerme a Dios?' Cuando oyeron esto se tranquilizaron y alabaron a Dios, diciendo: 'También a los que no son judíos Dios les da parte en esta conversión que lleva a la vida'" (Hechos 11:17-18).

¡Cuántos acontecimientos importantes sin los cuales ni tú ni nosotros conoceríamos a Jesús ni nos llamaríamos cristianos! ¿Qué está ocurriendo en este pasaje del Nuevo Testamento? Pues éste es el primer "choque de culturas" de los muchos a los que se enfrentará la iglesia. La diversidad, lo que nos hace únicos, lo que nos une a otros como nosotros, y a la vez también nos separa—la cultura—estaba en riesgo de volverse una muralla contra la cual el mensaje del *kerygma* se desmoronaría; pero no, al revés, éste es el momento en el que una iglesia universal se hace posible. ¿Qué elementos de este relato nos ayudan, entonces, a enfrentar el reto similar que como ese enorme muro de separación muchas veces se presenta delante de nosotros?

Primero, Cornelio reconoce a Dios dentro de su corazón; su conversión, su camino hacia Cristo, ya había comenzado antes de conocer a Pedro. Cornelio era un hombre bueno, caritativo y piadoso y, por eso, el Espíritu Santo le dice que mande a buscar a Pedro. Nosotros también tenemos que reconocer que la voz de Dios ya habla dentro de los corazones de nuestros semejantes. Aunque éstos no conozcan a Jesús, Dios ha estado con ellas y ellos, como dijimos antes, desde que fueron formados en el vientre de sus madres. Es esta voz la que los mueve a buscar una relación más íntima con Dios y la que los llevará al próximo paso.

Este paso es la llamada de Cornelio a Pedro; el que busca llama a quien lo puede guiar, pero Pedro no llega diciendo "¡aquí estoy!" y derribando las puertas de Cornelio y sus amigos a la fuerza, no, ellos lo invitan. Así igual, en cualquier tipo de ministerio donde tenemos que trabajar con personas de otras culturas, debemos crear un ambiente de invitación, de hospitalidad y de respeto. Nuestro acercamiento debe tomar en cuenta la dignidad de estas personas y su libre albedrío, y más importante aún, las personas dedicadas al ministerio debemos estar listas para responder a su invitación. Cuando llegue la llamada de los que buscan el amor de Dios, ya sea alguien poderoso como Cornelio o alguien pobre y olvidado, tenemos que estar dispuestos a traer a Jesús en nuestros corazones, nuestras sonrisas y nuestro apoyo, sin condiciones. Traemos un regalo y los regalos se dan sin esperar recompensa alguna.

Esta llamada de Cornelio debe enseñarnos que en nuestros ministerios no sólo somos "mercaderes de un tesoro", sino que también somos "buscadores de un tesoro", pues es muy posible que lo que aprendamos de los que nos necesitan tenga mucho valor y nos evangelice a nosotros. Pero el valor histórico más importante de la llamada de Cornelio a Pedro es que cambió la iglesia para siempre. Pedro, por obra del Espíritu Santo, comprendió que si seguía aferrado a las leyes judías, la Buena Nueva del reino de Dios moriría sin alcanzar nunca a la mayoría de la humanidad. En el caso de Pedro, la cultura como estructura social lo había condicionado a ver las relaciones de pureza e impureza desde el ángulo particular de la ley judía. Sin embargo, a pesar de este condicionamiento, él como individuo fue más allá de su esfera y rompió con las barreras culturales. Esta apertura le permitió entender mejor al otro y caminar hacia una comprensión de su cultura.

Como resultado de este momento histórico, la iglesia incorporó, como parte de su dinámica y vivencia, la posibilidad de encarnarse dentro de todas las culturas y de distinguir entre el medio ambiente cultural, expresado y celebrado en cada pueblo, y su misión de llegar a todos. A lo largo de la historia de la iglesia cristiana se van dando brotes esperanzadores de apertura y diálogo cultural, a veces con éxito y otras con fracaso. En la época moderna el movimiento de apertura hacia la diversidad cultural comienza a discutirse en las iglesias protestantes en la década de 1950, y en la iglesia católica la importancia de las culturas surge en las deliberaciones del Concilio Vaticano II en la década de 1960. Al abrir las ventanas y dejar entrar aire fresco al recinto de la iglesia católica, frase famosa de Juan XXIII, el Papa que convocó el Concilio, la iglesia católica se abrió al mundo como lo hizo Pedro hace dos mil años. En el frecuentemente citado cuarto párrafo de uno de los documentos de este Concilio, *Gaudium et Spes*, (Pastoral Sobre la Iglesia en el Mundo Actual), la iglesia católica reconoce que ". . .para cumplir esta misión [de continuar la labor de Jesucristo en la tierra] es deber permanente de la iglesia escrutar a fondo los signos de la época e interpretarlos a la luz del evangelio, de forma que, acomodándose a cada generación, pueda la iglesia responder a los perennes interrogantes de la humanidad sobre el sentido de la vida presente y de la vida futura y sobre la mutua relación de ambas".

La sacudida refrescante que nos proporcionó el Segundo Concilio Vaticano nos ha ayudado a comprender que la cultura es sencillamente el medio ambiente de un pueblo. Si vamos a ser ministros que servimos a nuestros semejantes, el Concilio nos recuerda que es preciso que "leamos los signos de los tiempos". Al leer esos signos, comenzamos ese largo camino de compenetración y diálogo entre diversas formas de cultura, y así conocemos cómo podemos introducir mejor la Buena Nueva dentro de la cultura, respetando su sabor y su manera de expresión. Además, dejamos que su riqueza informe y transforme a su vez a la iglesia en su camino de peregrinación hacia Dios.

Nuestra discusión acerca de la cultura, con sus retos y sus aportes, no tendría sentido sin el "¿por qué?", la meta final hacia la que caminamos, el propósito que nos une. Esa meta es la que conecta a las iglesias cristianas del siglo XXI con aquélla que Cornelio quería conocer mejor y hacer suya en el siglo I: el que seamos personas que, viviendo en el mundo y siendo parte de éste, llevemos en nuestros corazones, nuestros labios y nuestras acciones la asombrosa noticia de Jesús, "Yo . . . vine para que tengan vida y encuentren la plenitud" (Juan 10:10). Ese es el trabajo de todo ministerio: continuar la labor de Jesús construyendo un mundo de justicia y plenitud que se levante entre todas y todos y para todas y todos.

# 9

# La palabra: Comunicación como comunión

## Ada María Isasi-Díaz

*"Dos hombres, que eran Moisés y Elías, conversaban con él.
Se veían resplandecientes y le hablaban de su partida, que
debía cumplirse en Jerusalén"
(Lucas 9:30-31).*

"Tu palabra me basta", oímos decir y decimos con frecuencia. ¡Ah! El misterio de la palabra humana. Es la palabra la que hace posible las explicaciones y, como no hay manera de explicar lo que no se entiende, son las palabras las que hacen posible nuestros pensamientos. Pero más aún, nuestra palabra nos hace presentes, en nuestra palabra va quienes somos, nuestro honor, nuestra dignidad. "Te doy mi palabra", afirmamos y con eso basta para dar por sentado que lo dicho, ¡lo cumpliremos!

Ahí comienza pero no termina la importancia de la palabra. Según vamos hilando una palabra con otra, según vamos narrando lo que hacemos, lo que vemos, lo que pensamos, lo que deseamos, lo que esperamos, vamos creando una narrativa, una historia, que nos hace presentes, no sólo a las demás, sino también a nosotras y nosotros mismos. Según vamos creando-contando-construyendo nuestra propia historia vamos también entendiéndonos,

vamos comprendiendo cómo hemos ido viviendo, no una
sarta de eventos individuales e inconexos, sino una vida a
la cual le hemos ido impartiendo significado y sentido a
partir de nuestros valores y nuestras creencias. Nos
escuchamos hablar, nos escuchamos decir y nos damos
cuenta de que lo que hemos vivido ha ido creando
patrones en nuestras vidas, ha ido creando formas de pensar, de enfrentarnos a la vida, de relacionarnos con los
demás; formas que, en cierta manera, nos identifican, nos
definen. Al escuchar el modo en que contamos lo que
hacemos y cómo hemos vivido, empieza a revelársenos un
hilo conductor, una visión de vida que, a menudo, sin que
nos hayamos dado cuenta, nos ha guiado, se ha ido
haciendo presente y se ha ido desarrollando desde temprano en nuestra juventud.

Vayamos aún más lejos: la palabra no sólo nos ayuda a
entender y a expresar, la palabra no sólo posibilita ver el
significado que le hemos ido impartiendo a nuestras vidas,
sino que la palabra también hace presente aquello que significa. La palabra convoca, concretiza y hace efectivo el
significado de lo que expresa de tal forma que es muy difícil, y a veces hasta casi imposible, echarse atrás una vez se
ha dicho. Recordemos lo que pasó con la famosa bendición de Isaac a su hijo Jacob. La bendición debió haber
caído sobre Esaú pero una vez fue impartida a Jacob, Isaac
ya no tuvo cómo retractarse (ver Génesis 27:1-40). Así nos
ocurre frecuentemente con las niñas y los niños: una vez
que les decimos que vamos a hacer algo no nos dejan cambiar de idea, es como si entendieran que lo dicho, por
dicho, es ya una realidad, y que del dicho al hecho, no
debería haber "un gran trecho".

Tenemos en la Eucaristía el mejor ejemplo de la eficacia
de la palabra, el mejor ejemplo de cómo lo que dice la palabra se hace realidad. Repetir las palabras pronunciadas por
Jesús en la Última Cena, tiene el poder de hacer presente a
Jesús en la celebración eucarística. Este sentido de la eficacia de la palabra en las celebraciones de las comunidades
cristianas es, hoy día, una continuación de la creencia del

pueblo de Israel que estaba seguro de que la palabra de Dios no regresaba a Dios hasta no haber logrado lo que declaraba, "Como baja la lluvia y la nieve de los cielos y no vuelven allá sin haber empapado y fecundado la tierra y haberla hecho germinar, dando la simiente para sembrar y el pan para comer; así será la palabra que salga de mi boca. No volverá a mí sin haber hecho lo que yo quería, y haber llevado a cabo su misión" (Isaías 55:10-11).

A veces nos parecen exageradas las incontables horas que las amistades, las enamoradas y los enamorados dedican a hablarse, sin importar la edad, lo mismo a los 18, a los 28, a los 38, que a los 48, 58 o a los tantos años más. Las horas y horas de conversación son no sólo una manera de conocer y darse a conocer, o una manera de compartir e ir creando una vida en común; las muchas horas que conversan quienes se quieren es un modo de darle forma a esa amistad, a ese cariño, a ese amor que se tienen. Cuanto más conversan, más van creando entre sí una unión; cuanto más ponen en palabras lo que sienten, más crece el amor y el cariño, más se fortalece la relación, y más sólidas son las bases de la unión que desean y abrazan. Cuanto más dicen lo que sienten, más va haciéndose realidad lo que dicen. Se nos hace difícil creer que alguien nos quiere si no nos lo dice; no podemos pensar que alguien se interesa por nosotras o nosotros si no nos lo deja saber a través de palabras. Necesitamos la confirmación de la palabra aun cuando haya gestos que no son sino "otras palabras" que se perciben y se manifiestan a través de otros sentidos. Por eso es tan frecuente entre personas enamoradas el reclamo de las palabras: "Dime que me quieres, dímelo, necesito oírlo". Es como si intuyéramos que cuanto más se exprese concretamente el amor, más profunda será la comunicación; y cuanto más profunda sea la comunicación, más cerca estaremos de una comunión, de la presencia de un ser en el otro o la otra en tal forma que sin esa relación la persona enamorada se siente menos, se sabe incompleta.

Para que se dé una comunión entre los seres humanos, no sólo es necesario articular la palabra. También se necesita quien la escuche; alguien, que con reverencia y honestidad, vaya recibiendo las palabras. No se puede *ser* plenamente sin las palabras, pero tampoco se puede ser plenamente sin alguien que reciba esas palabras, y ese *alguien* tiene que ser alguien específico, con nombre y apellido, alguien con quien hayamos labrado una relación de amistad. ¡Tantas veces en mi vida he estado muda, sin hablar, en el sentido radical, profundo, más hondo de la comunicación auténtica, por no tener quien me escuchara, quien abrazara mi comunicación! ¡Tantas veces he estado con mujeres de nuestras comunidades a quienes nadie había escuchado nunca, a quienes nunca se les había prestado atención! Cuando les he pedido que me hablaran sobre sus vidas, se han producido momentos llenos de gracia en los que ellas van conociéndose a sí mismas, van descubriendo su valor e importancia, en muchos casos por primera vez, en el proceso de ir hilando los eventos de sus vidas de tal forma que van surgiendo historias de gran riqueza, de gran significado tanto para las que las relatan como para quienes las escuchamos.

La relevancia de la palabra, de las palabras, surge con mucha fuerza en el relato de la transfiguración de Jesús (Mateo 17:1-9; Marcos 9:2-10; Lucas 9:28-36). Si nos concentramos en examinar lo que dicho evento significó para Jesús, veremos la gran importancia que el compartir tiene en nuestras propias vidas y en la vida de nuestras comunidades. Si nos fijamos en lo que dice el texto acerca de las palabras notaremos enseguida el alcance, el significado que tuvo ese evento para Jesús; veremos que para entenderse a sí mismo y su misión Jesús necesitó conversar, necesitó compartir palabras con sus discípulos y discípulas, y comprenderemos que para Jesús las palabras, la conversación, la comunicación fue y es una comunión.

En los relatos de la transfiguración hay tres referencias a "palabras". En primer lugar aparecen Moisés y Elías conversando con Jesús. Conversan acerca de lo que le va a pasar a Jesús en Jerusalén o, como dicen algunas de las traducciones, de lo que Jesús va a lograr realizar en Jerusalén (ver Lucas 9:31). En este texto vemos que Jesús necesitaba

hablar sobre los riesgos que estaba tomando, sobre las difi-
cultades a las que se tendría que enfrentar para poder
entender y para poder abrazar lo que le estaba pasando y lo
que le iba a pasar. Dada la reacción adversa de los líderes de
la comunidad judía ante la insistencia de Jesús en que la
justicia es lo más importante para llegar a ser y vivir como
familia de Dios, queda claro que Jesús y sus discípulos y discípulas, estaban conscientes de que las confrontaciones con
las autoridades continuarían y serían cada vez más serias.
Jesús quiere, necesita, hablar de este asunto.

Varios de los evangelios cuentan que poco antes del
evento de la transfiguración, Jesús trató de hablar sobre lo
que se avecinaba con sus discípulos pero éstos no le
dejaron. Es como si tuvieran miedo de que si Jesús hablaba,
pues entonces, de seguro, ocurriría. Jesús les responde en
tono muy fuerte cuando no lo dejan hablar, sin duda regaña
a los discípulos por no querer enfrentarse a lo que va a
pasar, a lo que Él deseaba conversar con ellos (ver, Mateo
16:23 y Marcos 8:33). Jesús necesitaba compartir lo que Él
veía acercarse para así poder entenderlo, para así poder ver
cómo eso era parte de lo que Él entendía era su misión en
la vida. La respuesta tan dura de Jesús a los discípulos:
"Detrás de mí, Satanás," refleja la urgencia que tenía Jesús
de hablar sobre los eventos que se veían venir. A Jesús
parece preocuparle que si no comparte con sus discípulos lo
que empieza a entender que le va a pasar, ¿cómo va a tener
la fuerza y el valor para enfrentarse a ello? ¿Cómo lo va a
poder abrazar?

Si los discípulos no quieren hablar con Él, pues, ¡aquí
vienen Moisés y Elías al rescate! Al hablar con Moisés, el
líder del pueblo durante el Éxodo, la primera gran liberación del pueblo, Jesús empieza a ver su vida como un nuevo
éxodo, como una nueva liberación. Al hablar con Elías,
quien el pueblo de Israel esperaba volviera antes de que
apareciera el Mesías, Jesús empieza a entender lo que le va
a pasar. El que lo metan a la cárcel, lo torturen y lo eje-
cuten, es consecuente con la misión de su vida, con su
predicación sobre la justicia y el amor, con la posición que

durante toda su vida lo enfrentó a las autoridades políticas y religiosas que oprimían al pueblo. Su encarcelamiento, tortura y ejecución se convertirán para sus discípulos, incluyéndonos a nosotras y nosotros hoy día, en la Pasión y Muerte de Cristo, eventos de profundo significado religioso. Este significado es algo que Jesús empieza a comprender a partir de la conversación que tiene con Moisés y Elías. Es con palabras y a través de las palabras que Jesús le va dando un significado de liberación y salvación a su misión.

La segunda referencia a palabras en la transfiguración tiene que ver con una teofanía, una revelación de Dios en forma específica y concreta. De entre las nubes sale una voz que dice: "Éste es mi Hijo, mi Elegido; escúchenlo" (Lucas 9:35), o, como dice en las versiones de Mateo y Marcos: "Éste es mi Hijo, el Amado", o, en otras traducciones: "Éste es mi hijo amado al que he escogido". Jesús ya había escuchado estas palabras al principio de su vida pública. Al ser bautizado por Juan estas palabras le confirmaron que su vida tenía un propósito, que su misión era predicar y luchar por establecer el reino de Dios, por hacer que sus contemporáneos, y por extensión nosotras y nosotros, nos convirtiéramos en la familia de Dios. Al comienzo de su misión, de su vida pública, el saber que era amado por Dios le permite, le da fuerzas a Jesús para proceder. Lo mismo sucede ahora en la transfiguración. Ante el peligro inminente necesita saber que es amado intensamente, necesita sentir el amor. Él lo sabe. No es que Jesús dude que Dios lo ama, pero Jesús, plenamente humano, necesita sentirlo, necesita oírlo, experimentar en la carne, a través de los sentidos, en su cuerpo, el amor de Dios.

A veces pensamos que para la lucha por la justicia y la paz lo que necesitamos es tener un compromiso absoluto, y es así. Pero también necesitamos el amor y la ternura para que nuestras luchas por la justicia y la paz sean efectivas. Esto es precisamente lo que vemos en este evento en la vida de Jesús. Las palabras de Dios que se oyen en el evento de la Transfiguración le aseguran a Jesús en forma tangible que Dios lo ama, y es ese amor, tanto como su compromiso firme con la justicia y la paz, lo que hace que su misión prenda, lo que hace que su misión sea efectiva.

Las últimas palabras que se dicen en la transfiguración dejan ver lo necesario que resulta el tener vivencias— experiencias— compartidas de modo que cuando esas expresiones se traduzcan en palabras, dichas palabras puedan ser comprendidas. Jesús pide a los discípulos que no hablen de lo que ha pasado.

No es por mantener ningún secreto que Jesús hace este pedido sino porque sabe que al no haber estado presentes en el evento de la transfiguración, los otros discípulos no podrán entender lo ocurrido. Es poco a poco y a partir de otras experiencias similares que tendrán con Jesús, en especial después de su resurrección, que los demás discípulos podrán entender lo sucedido aquel día.

Sin la base que da la experiencia compartida o experiencias semejantes, nuestras palabras no encuentran eco en los demás y regresan vacías a nosotras. Cuando lo que decimos no encuentra resonancia en nuestras amistades, ¡qué dolor nos causa! Nos sentimos tan solas, tan solos, cuando lo que compartimos cae como en un vacío, nos sentimos tan incomprendidas. Es solamente a través del amor y el cariño de la amistad que se puede salvar la distancia que crea el no tener las mismas experiencias. Es solamente a través de la solidaridad nacida de un compromiso con la justicia y la paz que podemos salvar la distancia que hay con aquéllos que no conocemos personalmente pero con quienes nos sentimos comprometidos en la lucha por ser todos, familia de Dios.

El episodio de la transfiguración de Jesús nos enseña que, como miembros de la comunidad de discípulas y discípulos de Jesús, tenemos que separar un tiempo para conversar, para compartir, para decir, para escuchar y para ser escuchados, y nos enseña también que ese departir es una forma de comunión. Este compartir es necesario no importa cuál sea nuestra posición en la comunidad, seamos ministros ordenados o no, seamos asiduos miembros de la iglesia o no, sea nuestra labor con la comunidad un ministerio eclesial o sea desde una perspectiva secular. Al igual que Jesús, antes que nada, tenemos que hablarnos a nosotras, a nosotros mismos. Yo tengo que "hablarme" para entender mejor quién soy, quién estoy llamada a ser, cuál es mi misión en la vida, qué estoy llamada a ser. Este es el tipo de conversación con una misma que lleva tiempo y que requiere silencio ya que muchas veces las respuestas a estas preguntas, bien sea porque no las hemos querido escuchar o simplemente porque no les hemos prestado atención, están tan profundamente enterradas en nuestro ser que, para empezar a escucharlas, requieren que aprendamos a aquietarnos y a esperar con paciencia a que empiecen a brotar al calor de nuestro recogimiento. Es vital darnos tiempo para que las respuestas hagan mella en nuestras vidas, para que tengan efectos esperanzadores y vivificadores, para que esas respuestas (y, ¿por qué no? también nuevas preguntas) nos ayuden a descifrar y a comprender el significado de nuestras vidas.

Además de hablarnos a nosotras mismas, necesitamos encontrar a un Moisés y a un Elías en nuestra vida. Necesitamos encontrar con quien conversar profundamente para así llegar a conocernos y a entendernos mejor. Tenemos que encontrar a alguien que vaya recogiendo lo que decimos, como se recogen los pedazos de un espejo que se rompe y nos ayude a juntar esos pedacitos hasta que podamos ver reflejadas, aún con nuestras pequeñas fisuras y contradicciones, lo mejor de nuestras vidas en las palabras que vamos compartiendo. Necesitamos una amiga, un amigo. Necesitamos vivir, tener la experiencia de la amistad, una de las relaciones más bellas y enriquecedoras de la vida. ¡La amistad, una relación de mutualidad profunda en la que constantemente recibimos y damos! Tener una amiga, un amigo, es tener a alguien que se interese en mí, alguien en quien confiar, alguien que sé que no me abandonará pase lo que pase, alguien que en mí pueda encontrar también, ese mismo interés, esa misma confianza y esa misma fidelidad constante. Con la ayuda de la amistad auténtica y verdadera podremos adentrarnos en nosotras mismas de tal manera que empezaremos a comprender y a abrazar la infinita ternura de Dios. Con la ayuda de la amistad entenderemos que

Dios nos es aún más íntimo que nuestra propia intimidad, que Dios nos abraza, nos arrulla, se deleita en nosotras y nosotros. La transfiguración nos enseña la importancia de las experiencias compartidas. Nos enseña que sin ellas o sin, por lo menos, experiencias equivalentes, las palabras que oímos y decimos no siempre pueden comunicar lo que queremos decir, no nos pueden ayudar a compartir quienes somos. De no haber la similitud de vivencias, lo que nos queda es la solidaridad, una mutualidad que establecemos a través del diálogo si entendemos que los seres humanos tenemos intereses comunes, y que el ámense los unos a las otras del evangelio se da como parte de uno de los dos mandamientos principales que Jesús nos dejó: amarás a tu prójimo como a ti misma, como a ti mismo. Y, siguiendo las enseñanzas de Jesús, nuestro prójimo es por excelencia las mujeres y los hombres, las niñas y los niños pobres y oprimidos; aquéllas y aquéllos que la sociedad excluye, margina, explota; aquéllas y aquéllos que sufren violencia, a quienes nadie escucha, a quienes les hemos robado las palabras.

La transfiguración de Jesús nos enseña lo mucho que necesitamos formar amistades profundas. Nos enseña que como seres humanos, sin la comunicación profunda de quienes somos y lo que creemos, no podemos vivir a plenitud, y sin la comunicación no puede existir la comunión entre nosotras y nosotros, y por lo tanto no puede existir la comunión con Dios. Cuando meditemos en la transfiguración de Jesús, reconozcamos a Dios en las amistades que tenemos. En el cariño y el amor de las amigas y los amigos reconozcamos el amor de Dios, la ternura de Dios quien nos dice: "Me deleito en ti".

# 10

# La creación: Fuente de vida para el ministerio

*Eduardo C. Fernández, SJ*

*"Vio Dios que todo cuanto había hecho era muy bueno" (Génesis 1:31).*

Una de las cosas que nunca deja de sorprenderme es cómo una historia invita a otra. En la plática más sabrosa hallamos miles de cuentos, chistes y dichos basados mayormente en pequeñas historias llenas de humor y sabiduría popular. Recuerdo como de niño me fascinaba que nos visitara la abuela los domingos por la tarde. "Cuéntenos de antes, 'huelita'", le decíamos, a coro. Empezando con las aventuras de su papá, mi bisabuelo Catarino Pedregón, que había nacido en Nuevo México cuando todavía no era un estado, la abuela tejía unos bellos escenarios llenos de carros de caballos, siembras extensas y personajes interesantes—como mi abuelo—a quien le gustaba recordar en broma que, efectivamente, había sido uno de los "peones" de su suegro.

Entre los primeros recuerdos de mi infancia están no sólo las tardes con la abuela Emilia, sino también los días en el campo con mi abuelo. Tenía yo más o menos unos cuatro años cuando me enseñó cómo sembrar maíz. Él hacía el hoyito y yo le echaba unas cuantas semillas. Así pasábamos juntos largas horas en su milpa. Le gustaba que le cantara, a veces en inglés y a veces en español. Como a mi padre le gustaba cantar y tocar la guitarra, y mi hermana Mage, casi mi gemela, me enseñaba cantos en inglés que había aprendido en la escuela, mi repertorio seguía aumentando. Recuerdo esas tardes frescas en octubre cuando la cosecha estaba lista. En esos tiempos yo no me daba cuenta que los frutos consistían en mucho más que del maíz con que Dios nos había bendecido. Esos tiempos bonitos de cooperar con la naturaleza en un ambiente de calor familiar nunca se me olvidarán porque, sin que yo me diera cuenta, Dios me estaba enseñando que yo era parte de la madre tierra y que las lecciones que nos imparte la naturaleza, especialmente acerca de cómo mantenernos sanos como ministros de su gracia, no tienen fin.

En los casi diez años que tengo como sacerdote, he experimentado lo santo que es el pueblo de Dios y cómo, si quiero dejarme empapar de esa santidad, tengo que mantenerme cerca de él y de la naturaleza. El pueblo de Dios sigue enseñándome que la palabra de Dios, llena de ejemplos bellos de una Divinidad que da "a manos llenas", es capaz de guiarnos a contemplar no sólo nuestros orígenes, sino la forma concreta por medio de la cual Dios nos sigue dando vida; ¡una señal clarísima de que estamos haciendo la voluntad de este Dios que tanto bien desea para nosotros!

He visto que la gente que se crió en el campo entiende más fácilmente la sabiduría que comunican las metáforas tomadas de la naturaleza, como son las que se encuentran en los salmos o en las parábolas de Jesús. La gente del campo entiende el significado de estas metáforas; entran al "jardín cósmico" por medio de las matitas que logran sembrar en algún tiesto o jardincito mínimo, cuando viven en las grandes ciudades de este mundo donde sólo se siembra cemento. Mi experiencia de vivir en barrios pobres con gente nacida y criada en el campo me ha enseñado que el contacto concreto con la naturaleza se convierte en una puerta hacia lo sagrado. El mismo Dios que hizo el universo, como nos dicen los primeros capítulos del libro del

Génesis, sacando orden del caos original, nos sigue mandando la lluvia, y sigue manteniendo el sol, la luna, las estrellas y la madre tierra en bella armonía. Al ver una magnífica puesta de sol podemos decir: "¡Yo conozco al responsable de esa belleza!" Y al saber eso, confiamos que este mismo Dios, que muestra su fidelidad a través de la naturaleza, nos acompañará en el camino.

¿Qué lecciones imparte la naturaleza que nos ayuden a entender mejor lo que significa servir a Dios por medio de nuestros ministerios? Se me ocurren varias. En Génesis, por ejemplo, nos encontramos con un Dios que crea y que al final de su obra dice que "Vio que todo cuanto había hecho era muy bueno" (1:31). Estoy convencido de que uno de los grandes enemigos de los que toman en serio la invitación de Dios a colaborar en su viña es el perfeccionismo que no nos permite creer que nuestros esfuerzos, hechos de todo corazón, bastan. ¡Cuántas veces no se nos ha hecho difícil gozar de la paz y la alegría de un Dios que dice: "Vamos a sentarnos a saborear todo lo bonito que hemos podido lograr juntos!" Tampoco podemos creer que cuando Dios, como una madre que da el visto bueno a la tarea de una niña, dice: "Está muy bien", es en realidad cierto.

Y además, nos dice el Génesis, que este mismo Dios, después de haber trabajado seis días en crear el mundo, descansa el séptimo. Si Dios mismo descansa, ¿qué nos dice a nosotros como ministros? Una de mis preocupaciones por los laicos comprometidos en muchos ministerios es que a menudo no tienen tiempo para descansar. Con compromisos de familia, trabajo y varios apostolados dentro de la comunidad, su tiempo libre es muy reducido. Como vemos en el hermoso relato bíblico de la creación, si Dios, la fuente de toda fuerza y energía, descansó ¿por qué no nosotros que dependemos de la Divinidad? Llevar una vida ordenada con respecto al descanso, la oración y el trabajo, requiere ser humildes frente a un Dios que sabe por qué nos hizo tan vulnerables. Porque somos parte de la creación, necesitamos de la noche y el invierno como nuestro tiempo de descanso.

Otra lección valiosa que nos imparte la creación es el reconocimiento de que todo está tocado por la gracia. En un mundo que está demasiado ocupado con sus propios logros y proyectos, podemos descansar en la certeza de que el plan de Dios va mucho más allá que nuestros proyectos. Como ministros nos preocupamos mucho en dar, pero a veces no sabemos recibir. Un paseo por el bosque o por la playa, o una mañana fresca en un jardín, nos recuerdan que, como vasijas de barro, somos capaces de recibir esa agua fresca que sólo Dios nos puede dar para renovarnos en momentos difíciles. Todo lo que nos provee la naturaleza es un regalo; todo, sin que tengamos que hacer nada. Cuando nos levantamos por la mañana, Dios creador ya tiene la luz, el fresco o el calor, la lluvia o la nieve, los rayos del sol—ya nos tiene todo dispuesto. Como una madre que nos llama a comer, nos dice: "¡La mesa está servida, vengan!"

Finalmente, vemos en la misma narración que después de poblar la tierra con "las distintas clases de animales salvajes, de bestias y de reptiles" (1:24), Dios creó al ser humano a su imagen, "Hombre y mujer los creó" (1:27). Vemos que la imagen más clara de Dios es la relación entre la mujer y el hombre. Desde el inicio, Dios los crea en una relación amorosa. Juntos son puestos como mayordomos del resto de la creación, no para dominarla en el sentido de explotarla sino, como se entiende en el lenguaje hebreo, para cuidarla amorosamente. La mayordomía que ejercemos sobre la naturaleza debe tener más de cuidado tierno que de interés utilitario. El relato bíblico nos ofrece unas pautas tanto en el modo respetuoso en que nos debemos de relacionar los hombres y las mujeres, como en la responsabilidad que tenemos de cuidar la naturaleza. Para realizar mejor nuestros ministerios formemos equipos que incluyan tanto a las mujeres como a los hombres, para que colaboren en la creación de un mundo más inclusivo, amoroso y justo. Así podremos ser partícipes responsables de la creación y cocreadores con Dios del mundo.

Mirando la fotografía de boda de mis abuelos que está sobre mi escritorio, en la cual la novia se ve mucho más segura que el novio, me viene a la mente uno de sus dichos favoritos, que me recuerda cómo nos parecemos a los que nos dan el ser: "¡El gato tiene gatitos!" Hechos a la imagen de Dios, somos verdaderas criaturas suyas, hijas e hijos llamados a reflejar la ternura divina para con toda la creación. Ya que hemos aceptado la invitación del Hijo de Dios a seguirlo en la labor ministerial con su pueblo, pues, ojalá nos dé nuevas energías el saber que el gran autor de la vida es loco con su prole, y es por eso que nos regala la naturaleza como madre y maestra.

# 11

# Ministerio sin fronteras

*Ana María Pineda, RSM*

*"Entonces Jesús le contestó: 'Mujer, ¡qué grande es tu fe! Que se cumpla tu deseo.' Y en ese momento, quedó sana su hija" (Mateo 15:28).*

El encuentro de Jesús con una mujer cananea (Mateo 15:21-28), mujer que Él describió como una persona de "gran fe", me recuerda a tantas mujeres hispanas y hombres hispanos que he tenido el privilegio de conocer en mi vida de maestra, en mi ministerio y en mi caminar en la fe. Así como la valiente mujer que suplicó a Jesús que le sanara a su hija, muchas hispanas son heroínas que nos inspiran a luchar, a resistir y a tener fe en Jesús. Sus vidas dan testimonio de Jesús similar al que dio la mujer cuya hija Jesús sanó.

La mujer cananea, pobre y necesitada, lucha en medio de una sociedad patriarcal, además de sufrir discriminación por ser "pagana", es decir, extranjera. Mateo nos dice que la mujer procedía de una región cerca de las ciudades de Tiro y Sidón, adonde Jesús se dirigía después de su encuentro con los fariseos y los maestros de la ley. La mujer toma la iniciativa y va en busca de la ayuda de Jesús porque su hija era asediada por un demonio que la estaba destruyendo.

Inicialmente, a su ruego sólo responde el silencio de Jesús. Los discípulos de Jesús, sin embargo, tienen mucho que decir. Insisten en que Jesús la despida porque es fastidiosa y está llamando la atención con sus gritos. Jesús entonces se dirige a ella, pero sus palabras son de rechazo: le dice que Él ha sido enviado sólo a las ovejas perdidas de Israel (Mateo 15:24). No obstante, la mujer cananea no se queda callada y de nuevo habla con valentía, insistiendo en que necesita ayuda. Una vez más Jesús la rechaza, afirmando que "No se debe echar a los perros el pan de los hijos" (v. 26). La mujer, aunque admite la observación de Jesús, persiste en su súplica, arguyendo, "pero los perritos comen las migas que caen de la mesa de sus patrones" (v. 27). Su gran fe frente a los insuperables prejuicios en contra de las mujeres y de los extranjeros, la motiva a tomar una postura resuelta: ella no se va a dejar disuadir. Jesús, conmovido por su fe, sana a su hija.

Su persistencia y su fe dieron lugar no solamente a la curación de su hija, sino también a que el ministerio de Jesús se abriera para llegar más allá de la casa de Israel. Inmediatamente después del encuentro, Jesús partió hacia el lago de Galilea, donde sanó a lisiados, mutilados, ciegos, mudos y a muchos otros que le traían (Mateo 15:29-31). Aquellas personas que experimentaron y presenciaron el ministerio de sanación de Jesús quedaban maravilladas, incluyendo un gran número de "paganos" que "daban gloria al Dios de Israel" (v. 31). Ya sea judío o "pagano", mujer u hombre, rico o pobre, Jesús no ignora a nadie que tenga necesidad de sanación. Tampoco puede Jesús ignorar a la multitud que lo acompaña sin haber comido. Él los alimenta multiplicando siete panes y unos pocos peces (Mateo 15:32-38). Cuatro mil personas comieron hasta quedar satisfechas. La abundancia del ministerio de Jesús no sólo se refleja en lo material sino que también va más allá de los límites de cualquier cultura o norma religiosa.

A pesar de los prejuicios que para mucha gente de su sociedad hacían de esta mujer alguien insignificante e invisible, el amor por su hija la empuja a hablar y a confiar en la compasión de Jesús. Su gran fe y valor le dan la capacidad de adoptar una actitud firme y de no dejarse silenciar. La historia de esta mujer es la historia de muchas mujeres y hombres de fe. Así como la mujer cananea, las mujeres hispanas se encuentran a menudo con los obstáculos del racismo, el sexismo y la pobreza. Pero con todo, al igual que esta mujer de fe, las mujeres hispanas hablan también en favor de los necesitados en sus familias y comunidades. Abogan a favor de los jóvenes, de los ancianos, de las desventuradas y afligidas. Buscan y acompañan a las personas enfermas, hambrientas y alienadas. Las mujeres hispanas continúan alzando sus voces y reclamando el derecho de ellas y sus hijas e hijos a los alimentos que han sido dispuestos en la mesa. Hay muchas historias contemporáneas semejantes de fe, persistencia y valentía que ofrecen grandes enseñanzas a quienes trabajamos en los ministerios de la iglesia.

Una de esas historias es la de Luz. Nacida en México, tanto su madre como su padre eran trabajadores migrantes. Cuando Luz tenía nueve años, su mamá y su papá vinieron a los Estados Unidos en busca de una vida mejor para la familia, y se establecieron en un barrio hispano. Luz empezó a ir a la parroquia cercana y poco a poco fue descubriendo la importancia de tener una educación. Después de terminar la secundaria, Luz continuó sus estudios en un *community college*, pero allí no recibió estímulo para continuar estudios superiores. A pesar de la falta de estímulo y de los obstáculos económicos que se interponían en el camino, su familia y sus mentores de la parroquia la convencieron de que continuara estudiando. Luz siguió tocando puertas hasta que se abrieron y fue admitida a una universidad católica muy prestigiosa. Su fe la acompañó mientras luchaba por construir puentes entre los pobres de su barrio y los estudiantes más afortunados de la universidad. Encontró maneras de convencer a sus compañeros y compañeras, profesores y profesoras, de que la cultura y la religiosidad hispanas merecen atención. Habló a favor de las tradiciones religiosas de las comunidades hispanas, poniendo de relieve cómo dichas tradiciones pueden ser fuente de enriquecimiento para los demás. Luz insistió en la importancia de compartir la fe de la comunidad hispana, y en que las personas de medios económicos limitados valen tanto como las que gozan de una posición acomodada. Al final, la actitud sosegada pero persistente de Luz logró crear una relación entre las dos comunidades, la de la universidad donde estudiaba y la del barrio donde vivía. Tal como la mujer del evangelio, Luz no se dejó silenciar y persistió, con gran fe, abogando por su comunidad.

No son pocas las historias como ésta de Luz en las comunidades hispanas. Me acuerdo de Refugio, quien muy temprano en su vida se encontró en un matrimonio sin amor. Su crianza religiosa le hacía imposible considerar el divorcio. Mientras luchaba con esta penosa situación, Refugio trabajaba para que sus hijos tuvieran lo necesario, sobre todo su amor. Su amor no lo limitaba a su familia sino que lo daba efusivamente a toda persona necesitada. A Refugio le preocupaban las personas sin techo y hambrientas de su parroquia. Su hogar era siempre un lugar de acogida y de cálida hospitalidad. Su amor a Dios y a los demás era lo central en su vida. Después de haber permanecido casada pero sin amor, Refugio finalmente se divorció. Esto sorprendió tanto a su familia como a su comunidad parroquial, quienes no podían entender por qué ella había tomado tal decisión. No obstante, Refugio necesitaba afirmar su dignidad para su propio bienestar y el de sus hijos. Su decisión de divorciarse la convirtió en una extraña para la iglesia que ella amaba. Tal como la mujer cananea, Refugio no se sintió bienvenida en la mesa donde se había alimentado por años. Enfrentando este nuevo reto en su vida, Refugio se negó a permitir que lo que los demás creían de ella destruyera su capacidad para amar a Dios y al prójimo. Continuó viviendo su fe, atendiendo las necesidades de las personas que carecían de techo, de alimentos o de una cálida acogida. Refugio continuó yendo a Misa a pesar de todo, y continuó poniendo su vida en las manos de Dios, confiando en la bondad divina.

Hay muchas mujeres como Ester, esposa marginada de un diácono permanente. Ella había acompañado a su esposo mientras éste se preparaba para su ordenación, pero al final del programa de formación vió que a ella no se le reconocía para nada y fue ignorada en la ceremonia de ordenación de su esposo. Su experiencia fue similar a aquélla de muchas otras esposas de diáconos permanentes. La labor de Ester no fue reconocida como significativa para el ministerio de la iglesia y ella se sintió poco importante y sin lugar en el ministerio oficial de la iglesia. Pero con todo, Ester y muchas otras esposas de diáconos permanentes están dedicadas al ministerio que atiende a aquellas personas que a menudo son ignoradas. Ellas visitan a los encarcelados, ofreciendo palabras de consuelo y sanación, ayudan a los que están sufriendo la pena de preparar el entierro de una persona querida, acompañan a mujeres acongojadas por no poder tener hijos, tienden una mano a los inmigrantes que se encuentran sin hogar, y a quienes están alienados por la iglesia.

A Ester, en particular, le preocupaban las condiciones de vida de las familias hispanas de bajos ingresos. Por eso reunió a las esposas de otros diáconos y exploraron las posibilidades de construir casas a precios razonables, atendiendo así una de las necesidades más críticas de las familias inmigrantes. Obtuvieron financiamiento para la construcción de un bello complejo de viviendas que proporciona un ambiente adecuado para vivir. Ester y las mujeres que trabajaron en este proyecto se negaron a creer que no era posible. No permitieron que el hecho de no ser diáconas se convirtiera en obstáculo para su compromiso y deseo de servir a los demás. Estas mujeres, e innumerables mujeres como ellas, le revelan día a día al Dios de amor y sanación a muchas personas que de otra manera se hubieran quedado hambrientas, rotas y sin amor.

Las historias de estas mujeres hispanas se vinculan a la de la mujer cananea que se encontró con Jesús. Sus historias y sus ejemplos, tanto como el de la mujer cananea, nos ofrecen tres retos para el ministerio cristiano contemporáneo: la necesidad de la persistencia, de un ministerio sin fronteras y de una apertura a las sorpresas.

*Necesidad de la persistencia.* Es digno de notar que la historia del evangelio nos deja saber que la mujer cananea no se sintió intimidada por Jesús. Ella persiste en su petición y logra obtener la salud para su hija. La cananea abogó por su hija, una niña vulnerable que no podía hacer la petición por sí misma. Al igual que mujeres contemporáneas como Luz, Refugio y Ester, la mujer cananea lucha a pesar de todos los obstáculos que encuentra en su camino. Cada una de nosotras y cada uno de nosotros en nuestros respectivos ministerios debemos imitar a Jesús y reconocer la fe y la sabiduría de mujeres como la cananea. También debemos imitar a la mujer cananea y a sus hermanas de hoy día amando a Dios y a la iglesia. A la vez, continuamos pidiendo misericordia y sanación para aquéllas y aquéllos que son vulnerables o de alguna manera están distanciados o alejadas de la iglesia o de los demás. El ministerio con estas personas no es siempre fácil. Algunas veces la misma comunidad y la gente a quienes queremos servir son precisamente las que parecen volverse en contra nuestra. A menudo nos parecerá que nuestros esfuerzos son en vano. Pero hemos de continuar firmes como Luz, Refugio, Ester, y la mujer cananea que no dejaron que el desaliento las disuadiera de vivir su fe y de servir proféticamente a sus familias y comunidades.

*Un ministerio sin fronteras.* El mismo Jesús que le dice a la mujer cananea que Él fue enviado sólo a las ovejas perdidas de Israel, envía a sus discípulos y a sus discípulas a *todas* las naciones (Mateo 28:16-20). Ese encargo de Jesús nos reta hoy en día a que seamos audaces y ampliemos las fronteras de nuestros ministerios. Debemos prestar atención a las necesidades de aquellas personas que viven fuera de los parámetros de los ministerios que por lo regular llevan a cabo las iglesias. Todos y todas las que ministramos debemos luchar cuanto sea necesario para no limitar a quienes servimos. Concentrarnos solamente en las personas que van a nuestras iglesias limita nuestro trabajo a ministerios ya establecidos o que nos son familiares, desaprovechando las nuevas oportunidades para ir más allá, hasta los "paganos" y servir a toda la comunidad. No podemos servir a Dios si nos negamos a ver lo divino en cada persona, independientemente de su posición económica, género, raza o grupo étnico. Esto último a veces es difícil para nosotras y nosotros como hispanos por cuestión del idioma, pero así y todo tenemos que encontrar maneras de comunicarnos con los diversos grupos étnicos que viven en nuestras comunidades. Al esforzarnos por estar en contacto con personas que no necesariamente van a nuestras iglesias, nos sorprenderá encontrar formas creativas de colaborar con personas por amor a Dios y para el bienestar de nuestro prójimo.

*Apertura a las sorpresas.* Los relatos de los evangelios frecuentemente nos revelan sorpresas que nos asombran. Podemos compartir el asombro de quienes presenciaron la sanación de la hija de la mujer cananea por Jesús, y cómo Él con unos pocos peces y panes le dió de comer a una multitud. Pudiera resultarnos asombroso ver que Jesús le prestó atención a la invitación de una mujer para que extendiera su ministerio más allá de la casa de Israel y lo hiciera llegar hasta los "paganos".

La mujer cananea nos invita a abrirnos a oportunidades inesperadas para el ministerio. Tales oportunidades son un encuentro con Dios, quien nunca queda atado por nuestras limitaciones humanas. Nuestros ministerios nos pueden deleitar con las sorpresas que Dios nos ofrece constantemente. Mientras trabajamos para hacer el bien, podemos aprender de la gente que inesperadamente entra en nuestras vidas—los inmigrantes, las divorciadas y los divorciados, las esposas de los diáconos. ¿Podríamos siquiera considerar que los encuentros más improbables pueden enseñarnos algo sobre el misterio y la presencia de Dios? ¿Es posible creer que estos encuentros nos transformarán y nos convertirán en mejores agentes ministeriales? Podría llenarnos de asombro el notar que el auténtico ministerio a menudo se realiza sin aspavientos en nuestras familias y comunidades. Podríamos sorprendernos al comprobar que este ministerio, invisible e inadvertido, puede efectuar cambios más grandes que los ministerios de aquellas personas con rango y títulos de prestigio. Es la mujer desconocida, la persona no reconocida, la analfabeta, el pobre, los indocumentados y las indocumentadas, las personas alejadas de la mesa de los creyentes, quienes muy a menudo hacen visible la presencia de Dios en muchos de los lugares oscuros y no atendidos de nuestro mundo. Las personas que creen equivocadamente que sólo los que trabajan en los ministerios reconocidos oficialmente hacen el trabajo de Jesús corren un gran peligro. Esta forma de elitismo da lugar a categorías excluyentes: la de las personas que son ministros y la de las que no lo son. Al igual que Jesús estamos llamadas y llamados a mantenernos en vela para un encuentro de fe con quien menos uno espera y en los eventos y lugares más imprevistos.

Al final del evento que nos relata el evangelio sobre la mujer cananea bien nos podemos imaginar a Jesús mirándola mientras abrazaba a su hija amada. ¿Qué habría en el corazón de Jesús en ese momento? ¿Qué habrá pensado en cuanto a la nueva perspectiva de su ministerio? ¿Qué revelarán nuestros propios corazones al descubrir tantas sorpresas de la acción y la presencia de Dios que recibimos en nuestros ministerios con nuestras hermanas y hermanos?

# 12

# Amor, muerte, y esperanza: Una meditación

*Elizabeth Conde-Frazier*

*"Las mujeres se acercaron, se abrazaron a sus pies y lo adoraron. Jesús les dijo en seguida: 'No teman; vayan a anunciarlo a mis hermanos para que se hagan presentes en Galilea y ahí me verán'" (Mateo 28: 9-10).*

Al filo de la madrugada María Magdalena y la otra María se llegaron hasta el sepulcro. Las personas que visitan el sepulcro tan pronto después del entierro de alguien son aquéllas que más le amaban. Acostumbradas a la cercanía del ser querido, necesitan sentirse vinculadas todavía y lo buscan en el sepulcro, el lugar donde tuvieron su último encuentro con ese ser amado. Es interesante que en el caso de Jesús, son las mujeres las que visitan primero el lugar donde lo han sepultado. Son ellas quienes le han amado mucho.

Hay otras mujeres en los relatos bíblicos a quienes se les conoce precisamente por haber amado mucho a Jesús. Una es la mujer que derramó el costoso perfume sobre los pies de Jesús y otra es la viuda que, con gran sacrificio, dió todo lo que poseía. Otro ejemplo es el de las mujeres que estuvieron al pie de la cruz y se sentaron frente al sepulcro mientras enterraban a Jesús. Ahora han de convertirse en las primeras testigos de la resurrección.

Notemos en el pasaje que nos ocupa la diferencia entre los soldados y estas mujeres cuando se encuentran con el ángel. Los soldados temblaron de miedo y quedaron como muertos. En cambio, al ángel dirigirles la palabra, aunque las mujeres experimentaron algún temor, no sufrieron la misma reacción. El amor a Jesús les permite recibir el mensaje del ángel sin que el temor las paralice y por eso corren con inmensa alegría a llevar la noticia a los demás.

En nuestras relaciones tendemos a abrirnos más con aquellas personas que sentimos que nos aman. Confiamos en ellas precisamente porque nos aman. El amor llevó a las mujeres al sepulcro, y en respuesta a ese amor, Jesús confía en ellas y les revela lo acontecido: su resurrección. Les confía no sólo un evento—que Él está allí, que no se ha ido— sino también, los detalles de ese evento. Es en el contexto de este amor y esta confianza que Jesús las llama amigas, a quienes "les he dado a conocer todo lo que aprendí de mi Padre" (Juan 15:15).

Jesús las llama amigas, las exalta porque han amado mucho. Por eso, cuando se enteran de que Jesús ha resucitado, se regocijan y no les resulta tan extraño este hecho extraordinario, sino que lo ven como un paso más en la misión de establecer el reino de Dios. Jesús las conocía y conocía el amor que ellas le tenían y Él las ama igualmente con un amor poderoso. El amor poderoso no es amor de palabras sino amor de hechos, un amor que convoca a las mujeres a abrazar el compromiso de luchar por establecer el reino de Dios. El amor de las mujeres alimentó el inmenso amor de Jesús y lo llevó a luchar junto a ellas incluso hasta vencer las fuerzas de la muerte.

Jesús resucita porque estas mujeres lo aman y han abrazado su misión y su lucha: el hacer realidad en el mundo el reino de Dios. Él vino a darle comida al hambriento, a sanar al enfermo y a visitar a los que están en las cárceles. Ellas están dispuestas a continuar la labor que Él empezó. Él está presente en el compromiso que ellas han hecho de predicar y hacer realidad el reino de Dios en sus vidas y en las de sus comunidades. Ellas creen en el amor de Dios, realidad encarnada en Jesús, y responden a ese amor, amando mucho. Me atrevo a decir que la resurrección de Jesús tiene que ver no sólo con el amor de Dios por su hijo, sino también con la fuerza del amor entre estas mujeres y Jesús. El testimonio de amor tan grande de estas mujeres por Jesús cancela la humillación de la crucifixión: Él resucita y ellas comparten este evento con alegría. Es importante notar que es cuando ellas van a anunciar el mensaje que les ha dado el ángel, que Jesús se encuentra con ellas y es así que ellas entran en la presencia del Cristo resucitado. Ya ellas llevaban "una alegría inmensa" (Mateo 28:8). Ahora, al encontrarse con Jesús, ¡el privilegio y el gozo de abrazar a Jesús les pone alas en los pies! "Vayan a anunciarlo a mis hermanos para que se hagan presentes en Galilea y ahí me verán" (v. 10). Las mujeres no se apoderaron del mensaje para ellas, sino que como buenas apóstoles, enviadas a dar un mensaje, son fieles a su misión y comparten su gozo asegurando así el gozo de otros.

¿Por qué Galilea? ¿Qué hay en Galilea? En Galilea comenzó el amor de Jesús con sus discípulos y discípulas. En Galilea no hay confusión, temor y duda frente a una tumba; en Galilea se encuentran con Jesús, el amigo con quien han caminado por tanto tiempo. Allí regresan para comprender que ese caminar y ese amor no son sólo experiencia personal y privada. Ese acompañamiento se convierte ahora en un amor que se desborda hacia "todos los pueblos" (Mateo 28:19). La fuerza de esta relación de amor es fuerza creadora, restauradora, alimentadora: es el poder de la resurrección. Es en Galilea que comprendemos que esta fuerza es la que hace que irrumpa el reino de Dios en nuestro medio. Es en Galilea que hoy día empezamos a aceptar que el poder de la resurrección fluye como "agua viva" hasta convertirse en un río, en un mar que sostiene y da vida.

A la luz de Galilea podemos ver que, aunque la injusticia pudiese ser una piedra, una represa que trata de impedir el fluir del "agua viva", no hay cómo parar esta agua. Ante la injusticia las aguas se embravecen, brincan la represa, atraviesan sus rendijas, abren fisuras, la rompen, hasta que por fin las aguas fluyen libremente. Este es el mensaje de la resurrección que Jesús les encarga a las mujeres: "Reúnan a la comunidad y anúncienle que cuando une su amor con el mío irrumpe en sus vidas y en el mundo entero el poder de la resurrección".

## Nuestros ministerios: Anuncio de Resurrección

¿Cómo dejar fluir el poder del "agua viva", del amor en nuestros ministerios? Jesús les pide a las mujeres que les digan a los demás discípulos que se reúnan con Él en Galilea. Allí lo verán, confirmando que está vivo, luego de pensar que estaba muerto. Allí entenderán que el Cristo resucitado es la fuente y la fuerza de su amor. Del amor de Cristo resucitado proviene el ministerio y nuestro ministerio, por ser fruto de la resurrección, debe dar fruto que permanezca. Miremos qué significa esto.

Estando sentados alrededor de una mesa mientras hacía una visita pastoral, me fijé en una canasta de frutas. Las frutas son mis dulces y por lo tanto, mi deseo de comerme una de ellas fue aumentando con cada segundo que pasamos sentados a la mesa. Por fin, antes de irme, me atreví a pedir una de las frutas. Con una sonrisa juguetona el ama de la casa me invitó a tomar una. Tan pronto la toqué me di cuenta que era de cerámica. ¡Qué sorpresa y qué desilusión!

Esa experiencia me hizo pensar en muchos programas que parecen hermosos ministerios pero son tan falsos como mi fruta de cerámica y tan sólo producen resultados limitados que no duran. ¡Qué desilusión! Carecen de la fuerza de la vida de Jesús. Los verdaderos ministerios son frutos que llevan adentro semilla. Estas se vuelven a sembrar y rinden aún más fruto; por eso los resultados perduran. Las semillas son vida en potencia, y así como Jesús entra en la tumba y resucita, la semilla entra a la tierra, se transforma y da vida.

Los ministerios toman más tiempo en desarrollarse que los programas de nuestras iglesias. Comienzan pequeños e insignificantes y hay que darles tiempo para que se desarrollen, se arraiguen, den fruto. Consideremos el siguiente ejemplo.

Una joven lleva papel y unos crayones de pintar en su mochila. Sale a su vecindario animando a otros y otras que aspiran a ser artistas a que pinten con ella. Pintan todo lo bueno que ven en su vecindario. En un vecindario del que a diario se hacen informes de las necesidades y problemas que existen y donde las empresas y negocios no invierten porque sólo ven la decadencia del lugar, estos jóvenes pintores y pintoras son visionarios.

Tito, un alcohólico sin hogar que recogía botellas y toda clase de vidrio para venderlos, se puso a conversar con ellos sobre lo que veían. Un día por fin les preguntó, "¿Qué van a hacer con sus dibujos? ¿Dónde los van a exhibir?" Sin esperar respuesta les dijo, "Si son artistas, dibujen con estos vidrios." Los jóvenes lo miraron consternados; no tenían ni idea de lo que les pedía. Poniendo las botellas en el suelo Tito se unió a los demás artistas que usaban la acera como mesa. Comenzó a romper las botellas y poco a poco fue creando un mosaico con los pedazos de vidrio. Los jóvenes lo observaban embelesados y pronto ellos también empezaron a "pintar" con vidrios. Tito, el artista que nunca hubiese sido descubierto de no ser porque una joven salió a animar a los demás en el vecindario, les enseñó algo en lo que ellos no habían ni pensado.

Los artistas trabajaron todo el verano. Según iba tomando forma lo que estaban creando, la gente que pasaba por allí se detenía para mirar y comentar. Los jóvenes les platicaban sobre las cosas que traían vida a su vecindario. Pronto muchas personas empezaron a comentar los temas que aparecían en la obra de arte.

Los jóvenes artistas terminaron su obra el día antes de comenzar las clases. El sacerdote de la joven animadora lo colgó en la entrada del santuario; durante el culto se les hizo un reconocimiento a los artistas, y luego tuvieron una fiesta. El nombre de Tito era el primero en la lista de los artistas que crearon el mosaico. Cuando él de vez en cuando pasaba por la iglesia, se le invitaba a entrar y, aunque no siempre aceptaba la invitación, Tito se sentía aceptado por la comunidad. El mosaico, a plena vista, era lo que le hablaba a su ser.

Pasaron varios meses sin que se supiera de Tito. Un día, una vecina vino a la iglesia a informarles que Tito se había internado en un programa de rehabilitación, y a pedir que oraran por él. Su jornada fue larga pero exitosa. Comenzó con la oportunidad de hacer una contribución que despertó en él su sentido de dignidad. El amor de los demás le despertó la valentía para iniciar un cambio en su vida.

Pero el cambio no ocurrió sólo en Tito sino también en la congregación que miraba el mosaico cada vez que venía al templo. El grupo de "Estudios Bíblicos" lo tomó como motivo de reflexión que llevó a identificar un problema de su vecindad con el que querían trabajar. Les tomó tres años más obtener algún éxito. Durante el proceso aprendieron cómo trabajaba la política de la ciudad, conocieron mejor a sus vecinos y aprendieron a escucharles. Al ir creando una red de vecinos fueron creando redes de confianza y rescataron sus propias voces. La fuerza del amor de los vecinos, como la fuerza del amor de Jesús y las mujeres, logró remover los escollos que obstaculizan el camino de la salvación.

Hay veces que nos parece que la vida se nos consume en lágrimas. Así le pareció a una madre soltera cuando le mataron al hijo. El muchacho había sido un hijo bueno, un joven inteligente que en su escuela pertenecía al grupo que luchaba contra las pandillas que estaban acabando con las vidas de los jóvenes. Una de esas pandillas fue responsable por su muerte. La noche del velorio la gente apenas cabía en la iglesia. Los jóvenes del grupo al cual pertenecía el muchacho renovaron su compromiso con lograr la realización del sueño de su amigo. Los maestros, el director de la escuela, el pastor, y hasta el alcalde ofrecieron palabras de consuelo y compromiso. Las mujeres rodearon a la madre. El círculo de mujeres más allegado a ella era de las que también habían perdido a sus hijos en forma violenta. Lloraron juntas y se consolaron unas a las otras. Una de las madres cantó unos de sus poemas y durante la oración final todos entrelazaron sus brazos. La madre de aquel joven quedó llena del amor de su comunidad. En los meses siguientes la comunidad fue cumpliendo lo que había prometido. La madre se unió al trabajo de los demás y así fue sanando su herida.

Diez años más tarde, un Domingo de Resurrección, en el servicio matutino, la madre recordó aquel día doloroso. "Llegué tan herida, casi no podía pararme, tenían que cargarme. Cuando todas aquellas madres se acercaron a mí y me rodearon, sentí que eran ángeles de Dios, y cuando escuché al compromiso que hacían, sentí que Jesús mismo había llegado a mi encuentro. Estos años, a través de la lucha, he visto el poder de la resurrección de Cristo. Y hoy, como María Magdalena y la otra María, vengo a decirles a ustedes que venceremos. Sigo sintiendo el dolor del vacío que me dejó la muerte de mi hijo, y ese dolor todavía me hace dudar y preguntarme muchas cosas. Pero cuando veo que no estoy sola, que otros siguen luchando junto a mí, me reafirmo en que la tumba de este dolor no puede encerrar la esperanza que vive en mí. Mi esperanza se desborda. No se pudrirá la esperanza, ¡Vivirá!"

## "Vayan a anunciarlo a mis hermanos"

El anuncio de la resurrección es el anuncio de que el Espíritu de vida puede irrumpir en medio de una situación que al parecer no tiene esperanza. Es en esas situaciones de desolación donde nos sorprende la presencia de Jesús, de Jesús vivo. Las mujeres salieron a ver a un sepultado y encontraron a Jesús resucitado. Las mujeres llegaron al sepulcro con dolor y salieron con alegría. El amor les llevó allí, su adoración a Jesús y el amor por los demás las llevó a anunciar la buena nueva. Tener fe en la resurrección es una adoración que no excluye sino que asume la duda y la transforma en entendimiento y amor.

Hoy día, ¿quiénes aman mucho? Algunas son las mujeres que se encuentran en la iglesia organizando la limpieza, cocinando, dirigiendo diferentes actividades (¡si se les permite!), cantando en el coro, enseñando a las nenas y los nenes, orando, visitando la feligresía, llevando una palabra de aliento a las cárceles, entregándose a los demás, en el poco tiempo que tienen, con una compasión que multiplica sus talentos. Otras, se encuentran en la comunidad lidiando con los sistemas de educación que no responden a las necesidades de la niñez o tratando de procurar en los hospitales servicios adecuados para los pacientes de SIDA. Allí están: planeando, organizando, luchando, vigilando, abogando, inventando, haciendo de tripas corazón.

Sin embargo, esas mujeres que se entregan en espíritu y en verdad son las mismas mujeres que están quebrantadas; las que despreciamos porque creemos que sus vidas no son perfectas ni importantes, porque son pobres o porque no articulan muy bien sus ideas. Son las mismas mujeres de las que murmuramos y a quienes tomamos de ejemplo cuando queremos mostrarles a nuestras hijas lo que, según nuestra cultura, es una mala mujer. Son mujeres atrevidas que se salen de los límites que les impone la cultura y toman lugares de liderazgo, haciendo valer sus opiniones en el hogar, la iglesia y la comunidad.

Al igual que ayer, Jesús comisiona hoy a las mujeres, ". . . vayan a anunciarlo a mis hermanos…" Este acto de Jesús consagra a las mujeres como apóstoles a los hombres. Las mujeres de la resurrección tuvieron el coraje, la valentía, de hablarles a quienes nunca hubieran esperado un anuncio así de labios de mujeres. Pero el Espíritu los ilumina y poco a poco ellos van cambiando sus actitudes.

Jesús les sale al encuentro a María Magdalena y a la otra María, a Tito, a la madre que pierde su hijo, y la manera de ver la realidad de cada cual cambia. Jesús les conforta pero también les invita a abrir su corazón para que el Espíritu les anime a vivir de un modo diferente que refleje un nuevo entendimiento de la fe. Así es la resurrección, nos da nuevos ojos para ver. La resurrección nos invita a una reflexión que expanda y profundice las tradiciones eclesiales. El soplo del Espíritu de la resurrección llama a las mujeres a ser apóstoles a la vez que llama a otros a escuchar el testimonio de las mujeres. Este es el principio de una nueva manera de vivir: una vida de compañerismo entre hombres y mujeres; una vida que da testimonio del reino en medio nuestro; una vida que "el ojo no ha visto, el oído no ha oído, a nadie se le ocurrió pensar lo que Dios ha preparado para los que lo aman" (I Corintios 2:9).

¿Cómo vivir cosas no imaginadas, cosas nunca antes soñadas? El Espíritu de la resurrección nos regala estos sueños, nos invita y nos prepara para vivirlos. No es cuestión de subvertir sino de dar testimonio de la resurrección respondiendo fielmente a la invitación del Espíritu. El poder de la resurrección es suficientemente fuerte como para renovar nuestras tradiciones culturales. Este poder es el poder del amor que transforma nuestras vidas y, por lo tanto, las estructuras que las sostienen. Al renovar las estructuras, los prejuicios—ídolos ocultos en la tradición—se derrumban y las relaciones entre los hombres y las mujeres se renuevan cuando vemos en unos y en otras la imagen de Dios. Ya no vivimos según los eventos de la caída sino de acuerdo a los eventos de la resurrección. Lograremos vivir lo inimaginable si respondemos a la invitación del Espíritu que nos dice, "No teman, regocíjense y vayan pronto a decirle a los demás las buenas nuevas de la resurrección".